3 Rs DO NEGÓCIO SUSTENTÁVEL

EMPREENDER VITORIOSO

COM SONHOS E LUCRO EM PRIMEIRO LUGAR

SE VOCÊ PRATICAR
ESSES CONHECIMENTOS,
ALCANÇARÁ SEU
EMPREENDER DA
VITÓRIA. EU GARANTO.

PRESIDENTE: PhD **REINALDO DOMINGOS**

COORDENADORA EDITORIAL: **RENATA DE SÁ**

EDITORA DE TEXTO: **SABRINA LEVENSTEINAS**

EDITORA DE ARTE: **MARISA ANA CORAZZA**

REVISOR: **ANDREI SANT'ANNA**

COLABORADORA: **CÍNTIA SENNA**

RUA ALBA, 88 - CEP 04346-000

VL. PQ. JABAQUARA, SÃO PAULO — SP, BRASIL.

TEL.: 55 11 3177-7800

DADOS INTERNACIONAIS DE CATALOGAÇÃO NA PUBLICAÇÃO (CIP)
(CÂMARA BRASILEIRA DO LIVRO, SP, BRASIL)

DOMINGOS, REINALDO
EMPREENDER VITORIOSO COM SONHOS E LUCRO EM
PRIMEIRO LUGAR / REINALDO DOMINGOS. -- 2. ED. --
SÃO PAULO : EDITORA DSOP, 2021.

ISBN 978-65-87565-35-4

1. EDUCAÇÃO FINANCEIRA 2. EMPREENDEDORES
3. FINANÇAS 4. FINANÇAS PESSOAIS 5. INVESTIMENTOS
6. NEGÓCIOS I. TÍTULO.

21-57406 CDD-332.6

ÍNDICES PARA CATÁLOGO SISTEMÁTICO:
1. EDUCAÇÃO FINANCEIRA : ECONOMIA 332.6

CIBELE MARIA DIAS - BIBLIOTECÁRIA - CRB-8/9427

DEDICO ESTE LIVRO PARA TODOS OS EMPREENDEDORES DO BRASIL E DO MUNDO.

APÓS A LEITURA DESTA OBRA MAGNA, VOCÊ ESTARÁ MAIS BEM PREPARADO PARA COLOCAR OS ENSINAMENTOS EM PRÁTICA E SE TORNAR UM GRANDE EMPREENDEDOR VITORIOSO.

SUMÁRIO

APRE SENTA ÇÃO

UMA PESSOA É
UM MANANCIAL
DE VIVÊNCIAS,
DE SABERES, DE
EXPERIÊNCIAS, DE
APRENDIZADOS.

PERCEBI QUE EMPREENDER NÃO SE TRATAVA APENAS DE PRODUZIR ALGO PRÓPRIO, VENDER E RECEBER DINHEIRO POR ESSA VENDA: ERA TAMBÉM USAR DE UMA MANEIRA MAIS HARMÔNICA O TEMPO PARA REALIZAR DESEJOS.

... ESTOU INDO NA CONTRAMÃO DO QUE A MAIORIA DAS PESSOAS INTERPRETA SOBRE O TEMA EMPREENDER.

TODA VEZ QUE
ALGUÉM SAI DO
SEU **MUNDO** PARA O
DESCONHECIDO, ESTÁ
EMPREENDENDO E,
MUITAS VEZES, É
CHAMADO DE LOUCO;
QUANDO ACERTA, DE
SORTUDO.

AS LIÇÕES DA MINHA VIDA PARA O EMPREEN-DEDORISMO

NASCI EM UMA CIDADE CHAMADA CASA BRANCA, no interior do estado de São Paulo. Filho do senhor Aparecido e da dona Maria Dirce – meus grandes heróis –, tive o privilégio de viver a minha infância e boa parte da minha adolescência ao lado deles e dos meus irmãos Rita, Rosângela e Richard. Meu pai era ferroviário e minha mãe, uma dona de casa que ainda cuidava dos filhos e ajudava a complementar a renda familiar vendendo produtos de beleza e bijuterias. Tínhamos uma vida simples, sem luxo ou extravagâncias.

O que vou relatar dessa minha história a partir de agora foi o que eu vivi, e somente quando comecei a estudar sobre minha trajetória de vida empreendedora constatei diversas etapas de aprendizados absorvidos de forma empírica.

Ao observar a minha família, percebi que todos eram **empreendedores**. Claro, não o tipo clássico do empreender: cada um, à sua maneira, era empreendedor em tudo o que fazia. Inclusive eu. Como minha família era simples, meus pais não poderiam me dar tudo aquilo que uma criança gostaria de ter (brinquedos, presentes, passeios). E desde pequeno percebi que, se eu quisesse as minhas coisas, precisaria conquistá-las.

Meu pai, em suas horas de folga, me ensinava a fazer pipas e, dessa brincadeira, percebi que eu poderia arrumar um jeito de conseguir o que eu queria. Passei a vendê-las, então, para os meus amigos e conquistei meu primeiro dinheiro. Não tive dúvida: gastei tudo em cinema, bala, pipoca e sorvete.

E eu continuei correndo atrás dos meus desejos. Foi então que percebi que eu poderia realizar tudo o que desejasse. Mas também notei que, ao gastar todo o dinheiro, ficava sem nada. Isso me deixava aborrecido e era o que acontecia com meus pais. Naquele momento, convivendo com eles e também de maneira intuitiva, percebi que não podia gastar todo o dinheiro que ganhava. Eles até guardavam certa quantia para algum imprevisto, mas não para realizarem desejos.

Eles empreendiam de diversas maneiras. Meu pai trabalhava na ferrovia de segunda-feira a sexta-feira e, nos fins de semana, fazia trabalhos esporádicos de pedreiro, ganhando dinheiro para aumentar o orçamento da família. Não era diferente com a minha mãe, merendeira escolar, que vendia bijuterias e cosméticos e também contribuía para a melhoria das condições em nossa casa. Na época, nem imaginava que essas rotinas pudessem me mostrar que ali havia empreendedorismo, mas a verdade é que eles estavam empreendendo, sim, não só como CLTs, mas também como autônomos.

Percebi que empreender não se tratava apenas de produzir algo próprio, vender e receber dinheiro por essa venda: era também usar de uma maneira mais harmônica o tempo para realizar desejos. E meus pais usavam de uma maneira bastante proveitosa o tempo deles, ou seja, cada minuto empregado em qualquer atividade era gasto com bastante habilidade e resultava em mais recursos financeiros para toda a família. Mas, como falei, não era utilizado para desejos.

Empreender é algo muito mais simples do que se possa imaginar. Vai além de ganhar dinheiro. Lembro que meu pai sempre me falava: "O tempo urge, e é preciso aproveitá-lo ao máximo, especialmente quando queremos alguma coisa". Também me recordo de uma frase muito emblemática que ele dizia: "Filho, durma pouco e aproveite a vida acordado". Naquela época, eu não entendia muito sobre isso, mas hoje em dia aproveito bem o meu tempo, durmo apenas o necessário e procuro viver o máximo que posso acordado.

Independentemente de seu regime de trabalho – registrado, autônomo ou até mesmo dono do próprio negócio –, é possível fazê-lo de uma maneira mais inteligente. Durante minha trajetória, antes mesmo de optar por abrir um negócio, que nada mais foi do que a consequência de anos trabalhando, fui empreendedor em diversas áreas, como quando fui trabalhar como camelô para conquistar o sonho da bicicleta. Também empreendi em um escritório trabalhando como auxiliar ou mesmo gerente de loja. Isso não ficou restrito ao trabalho: investi na minha educação e procurei gastar bem as poucas horas livres que eu tinha ao estudar em um colégio técnico.

Ao ser chamado para cumprir o serviço militar, aprendi a importância da disciplina. Comecei a guardar dinheiro para um sonho maior: estudar em uma cidade grande. Quando isso ocorreu, eu estava preparado e podia me manter por três anos por causa da reserva financeira que criei. Mesmo com ela, não foi fácil. Ao chegar a São Paulo, percebi que o custo de vida era muito mais alto que o do interior, onde morava com meus pais e não pagava aluguel, energia elétrica, água, alimentação etc. Por isso, tive de me adequar a custos que até então não tinha. Foquei nos sonhos e deixei de fazer algumas coisas, como sair com os amigos, viajar e namorar, mas isso fazia parte da minha escolha.

Fui morar na pensão do senhor José e da dona Dalva, que ficava bem perto da faculdade em que pretendia estudar. Dividia o quarto com mais três pessoas, o Michel, o Chico e o Manuel, que, além de dividirem os custos comigo, também eram ótimas companhias, principalmente quando a saudade de casa apertava o peito. Mesmo com dinheiro para me manter por alguns anos, comecei a trabalhar, porque queria colocar em prática tudo o que estava aprendendo na graduação e também para não me descapitalizar. Apesar de tudo isso, meu medo era grande, visto que não tinha meus pais presentes para me apoiar caso alguma coisa não desse certo. Com o tempo, acumulava mais e mais recursos a fim de ter maior sustentabilidade financeira. Para muitos, poderia soar como sacrifício; muitas vezes, me questionava se estava no caminho certo, mas tudo isso passava ao puxar uma conversa com um companheiro de beliche que, assim como eu, também estava tentando "fazer a vida na cidade grande".

Assim como meus pais, também busquei um trabalho extra. Além de empreender como funcionário com carteira assinada em uma instituição financeira, empreendi como autônomo em um escritório contábil aos fins de semana. Foi lá que comprei meu primeiro carro, um Passat 1977 azul. O veículo, que pertencia ao senhor para o qual eu trabalhava, estava financiado e, apesar de poder pagá-lo à vista, **decidi não me descapitalizar** e assumi as prestações. Tudo era muito novo e desconhecido, e, mesmo com minha família longe, contei com a ajuda da minha prima Roseli, mãe da tia Lila, irmã da minha mãe. A história de vida empreendedora da tia Lila daria um capítulo inteiro e, sem dúvida, foi um grande exemplo para mim. Após uma doença que resultou na perda da visão aos 24 anos, essa grande mulher, viúva e mãe de dois filhos, conseguiu conciliar todas essas tragédias e empecilhos e criou com perfeição sua família. Um exemplo de perseverança, uma guerreira, com a qual aprendi muito.

Viu como empreender vai muito além do que podemos imaginar? Meu objetivo ao escrever este livro é apresentar as minhas lições de empreendedorismo. Mesmo que ainda de forma empírica, minhas ideias como empreendedor fazem parte de algo concreto que pratiquei ao longo da minha história, alcançando excelentes resultados tanto no lado profissional como no pessoal.

Uma pessoa é um manancial de vivências, de saberes, de experiências, de aprendizados. Não importa se você **está um camelô**, um estagiário, um técnico, um profissional liberal ou um funcionário público. Digo isso porque uma pessoa está fazendo algo e não é aquele algo. A diferença, nesses casos, é que **uma pessoa está vendendo as horas** para si mesma; outra, para uma pessoa física, para uma empresa privada ou ainda para o governo; por isso, o TEMPO é fundamental, isto é, estamos negociando a todo momento o nosso TEMPO. O que deve ser feito, de acordo com essa nova forma de pensar o empreender, é identificar as características e habilidades e explorar as possibilidades dentro do campo em que se atua, usando o potencial de forma consciente e racional e tirando proveito daquilo que a pessoa já faz.

Sempre lembrando que esse empreender vai além de um negócio. Na verdade, ao afirmar isso, reitero o que disse antes: estou indo na contramão do que a maioria das pessoas interpreta sobre o tema empreender. O empreender está presente em nosso dia a dia, mas praticamos, vivenciamos e não enxergamos sua presença. Está enraizado em cada um de nós, mas está adormecido, em estado de latência, pronto para ser acionado. Basta, apenas, estimular os mecanismos mentais e emocionais adequados. É um exercício e tanto. Toda vez que alguém sai do seu mundo para o desconhecido, está empreendendo e, muitas vezes, é chamado de louco; quando acerta, de sortudo.

INTRO
DU
ÇÃO

EMPREENDER É FAZER ALGO COM ESTRATÉGIA, COM MISSÃO DEFINIDA, SEMPRE EM BUSCA DA OBTENÇÃO DOS RESULTADOS.

LIDERAR É
ACREDITAR
EM VOCÊ EM
PRIMEIRO
LUGAR.

UMA DAS MAIORES DIFICULDADES DO EMPREENDER É A AUSÊNCIA DE FOCO AMPLIADO.

O VERDADEIRO LÍDER ATRAI SEGUIDORES E OUTROS LÍDERES.

AFINAL, O QUE É EMPREENDER? E OS 3 Rs DO NEGÓCIO SUSTENTÁVEL?

EMPREENDER, COMO O PRÓPRIO SIGNIFICADO JÁ DIZ, é tentar, decidir, realizar e executar algo. Ou seja, é fazer algo com estratégia, com missão definida, sempre em busca da obtenção dos resultados. Para tanto, é preciso que se conheçam características, habilidades, competências e fundamentos que darão sustentabilidade a esse empreender.

No universo dos negócios, pude identificar que, para ser sustentável, é necessário praticar o que denomino: **3Rs do Negócio Sustentável.**

RENTABILIDADE RECORRÊNCIA RESERVA

O primeiro **"R"** é de **RENTABILIDADE.** A prática empreendedora junto aos negócios sempre deve estar acompanhada de um resultado positivo, o que chamamos de Lucro ou Superávit.

O segundo **"R"** é de **RECORRÊNCIA**. Trata-se de manter uma frequência nas atividades do negócio, com foco no faturamento contínuo.

E o terceiro **"R"** é de **RESERVA**. Para a obtenção da sustentabilidade financeira é preciso ter recurso financeiro suficiente para qualquer oportunidade ou imprevisto, garantindo a continuidade dos negócios.

Com a aplicação dos **3Rs do Negócio Sustentável**, o empreendedor estará com a sua visão ampliada e mais preparado para a tomada de decisões.

Há mais de 50 anos vivenciando o empreender nas mais diversas áreas de minha vida, constatei que não tem só a ver com os negócios. A partir dessa experiência e de muito estudo, desenvolvi o conceito de empreender que acredito ser o mais adequado para que o empreendedor coloque em prática essa premissa e obtenha resultados altamente positivos. Apresento, então, o meu **conceito de empreender**, que vai além do sucesso. Refiro-me ao **Empreender Vitorioso**, porque estar vitorioso é alcançar a vitória, é triunfar:

CONCEITO DO EMPREENDER

"EMPREENDER É TRIUNFAR, ALIADO À MISSÃO DE CADA UM, NO UNIVERSO PESSOAL E PROFISSIONAL, COM FUNDAMENTOS ESTRUTURADOS, NA BUSCA CONTÍNUA DE RESULTADOS EM PRIMEIRO LUGAR."

PhD REINALDO DOMINGOS

CARACTERÍSTICAS, HABILIDADES E COMPETÊNCIAS DO EMPREENDEDOR

Existe uma série de características, habilidades e competências que um empreendedor precisa ter. A somatória delas fará com que obtenha resultados altamente positivos. Os modelos implementados até então no universo do empreender têm sido ineficazes quando o assunto é a busca pelo resultado. A partir de agora, apresentarei algumas dessas características, habilidades e competências que contribuirão para a conquista dos seus objetivos como empreendedor.

1) LIDERANÇA

Liderar é acreditar em você em primeiro lugar. Para liderar com sabedoria, é preciso entender o liderado; trata-se de uma troca entre pessoas. Esta troca só acontece se o locutor e o interlocutor estiverem na mesma sintonia. Em minha trajetória de vida, sempre tive como ponto alto a atenção dada aos sonhos e aos propósitos. Eu entrava de cabeça nos projetos em que acreditava e motivava as outras pessoas envolvidas. Nunca os sabotei e dediquei grande parte do meu tempo a eles, e o resultado não poderia ser outro: vitória na maioria deles, alguns com mais dificuldades do que outros.

Um dos pontos críticos desse tipo de característica é a conexão com as pessoas tanto na função de líder como na de liderado. Imagine uma pessoa que goste de conversar tentando se comunicar com uma que não goste. Dificilmente haverá uma conexão saudável. Nas relações interpessoais, o segredo está em ceder, o que muitos não praticam por egoísmo, vaidade ou poder. Eu mesmo, inúmeras vezes, quando líder, mesmo não concordando com algumas estratégias, acabava deixando que fossem colocadas em prática. E por diversas dessas vezes isso resultou em êxito, porque havia sinergia entre os líderes e os liderados.

Liderar é ter atenção voltada para os 360 graus da missão de um projeto. Uma das maiores dificuldades do empreender é a ausência de foco ampliado, isto é, de visão em todas as direções. Em um negócio, ao projetar um caminho, é possível percorrê-lo e ainda obter resultados satisfatórios de diversas formas. Quando abri a DSOP Educação Financeira, queria multiplicar um jeito que deu certo comigo e com outras pessoas, utilizando uma visão empreendedora de 360 graus e atento às ramificações promissoras que surgiam pelo caminho. Eu jamais pensei em abrir minha própria editora e gerenciar todos os componentes que uma empresa desse porte agrega, como logística, departamento financeiro e setor editorial. Bem como não imaginei que voltaria a estudar, concluiria meu mestrado e doutorado e teria fôlego para encarar um pós-doutorado. E que espalharia tais especialidades no Brasil e em outros lugares do mundo. Nunca imaginaria nem metade de tudo isso. De empreendedor com função de auxiliar de camelô a Empresário

Contábil, alcançando a independência financeira. E de autor sobre o tema educação financeira a empreendedor de uma das maiores empresas de educação financeira do Brasil, buscando a multiplicação desses ensinamentos.

Mesmo não sabendo do que se trata e não conhecendo, sempre é possível empreender. É o que chamo de visão empreendedora. Os mais ousados voam além do conhecido e vivenciam de maneira plena cada etapa como se fosse o último dia daquele objetivo. **É como colocar foco nos 80% e não nos 20%, contrariando o princípio de Pareto, que acredita que nossos resultados são reflexo de apenas 20% de nossos esforços.**

No universo do empreender, a energia a ser dedicada é a de foco total. Por exemplo: quando estiver em casa, seja intenso, dedique-se à família na maior parte do seu tempo, desconecte-se do resto e, sempre que possível, ceda aos pedidos de seus familiares. Muitas vezes, o resultado poderá surpreendê-lo. Assim como a visão, o foco também deve ser de 360 graus.

Afinal, que líder você é depois de tudo isso que leu até aqui? O verdadeiro líder atrai seguidores e outros líderes; o líder empreendedor, além de influenciar pessoas nas suas verdades, tem como principal missão desenvolver outros líderes – com isso, o papel fica completo.

“QUANDO OLHAMOS PARA O PRÓXIMO SÉCULO [XXI], OS LÍDERES SERÃO AQUELES QUE CAPACITAM OS OUTROS.”

BILL GATES

Em 2009, quando estava em San Diego, nos Estados Unidos, em uma missão de treinamento de governadores do Rotary Internacional, tive o privilégio de ouvir uma palestra do Bill Gates. Os mais de 530 governadores, representando mais de 200 países, se levantaram e o ovacionaram por mais de dez minutos. Gates estava com trajes simples e um boné escrito “END POLIO” – mensagem de apoio à erradicação da poliomielite no mundo, a qual também é uma das missões do Rotary.

Em um dado momento, esse grande empreendedor dos séculos XX e XXI sacou o talão de cheques e desafiou cada pessoa ali presente: “Estou apoiando a missão do Rotary na erradicação da pólio. Quero saber se vocês estão comigo?" E todos disseram 'yes', sim". E continuou: "Vocês topam arrecadar, pelos próximos dez meses, o mesmo valor que eu doarei?". Com menos intensidade, as pessoas confirmaram que "sim", elas estavam dispostas. Foi quando ele preencheu um cheque de cento e cinquenta milhões de dólares bem ali na nossa frente.

Você pode se perguntar o que isso tem a ver com o empreender, e eu lhe digo que tem tudo. O magnata da informática poderia ter feito a doação anonimamente, sem qualquer contrapartida. No entanto, ele permitiu que participássemos e nos sentíssemos parte de uma das maiores contribuições até hoje existentes para a erradicação dessa doença no mundo. Juntos, doamos trezentos milhões de dólares.

Liderança, uma das características de um bom empreendedor, influencia, compartilha e doa. Esse é um grande exemplo de SER. Até hoje eu não sei se Gates imaginou que seu ato faria uma grande diferença. Eu acredito que não, porque um líder, muitas vezes, toma decisões sem saber o potencial daquela ação. Alegro-me em perceber que, assim como ele, havia outros líderes em cada representante daquele grupo de rotarianos, o qual transmitiu a importância da doação para cada um dos distritos e, juntos, conseguimos avançar um pouco mais no combate à poliomielite.

2) AUTOPERSUASÃO

Autopersuadir é estar em constante movimento consigo mesmo. Trata-se de uma autorreciclagem, deixando de lado possíveis acomodações que o engessem e o façam cair na zona de conforto. Por isso, concentre-se em suas energias e em seus propósitos. E, o mais importante, envolva-se de corpo e alma.

A melhor maneira de isso acontecer é, primeiro, acreditar no seu potencial. E, segundo, demonstrar essa verdade com todos os recursos corporais: olhos, expressões, postura; tudo isso antes mesmo de abrir a boca. Se for necessário, pratique olhando-se no espelho e tente convencer a si mesmo. Se for bem-sucedido nisso, conseguirá convencer os outros.

Em minhas abordagens, me entrego em tudo o que fiz e faço. Além de carregar aquele brilho no olhar, procuro sempre usar palavras positivas. Continuamente, busco meu melhor.

Todo empreendedor sabe que, em determinados momentos, é preciso retroceder e, em alguns casos, até mesmo dispensar alguns colaboradores. Mesmo nesse tipo de situação, eu me coloco no lugar das pessoas. Empodero-me diante disso e procuro dizer o que gostaria de ouvir se fosse demitido. Na prática, procure elogiar o colaborador, enaltecendo os pontos fortes e os caminhos que o levaram para um verdadeiro crescimento profissional e pessoal. Eu fico com a sensação de dever cumprido ao exercer minha autopersuasão.

3) SONHOS

Todos temos vontades, desejos, sonhos ou propósitos – como quiser chamar. Eu, na qualidade de empreendedor, sempre busquei priorizar sonhos e nem todos consegui realizar. O maior deles na juventude era ser jogador de futebol. Diferentemente dos atuais jogadores que fecham contratos milionários, na minha época a profissão era movida muito mais pela paixão. E, mesmo jogando relativamente bem e podendo ter uma carreira, não realizei esse sonho.

No início do livro, falei de um dos meus primeiros trabalhos em uma loja, da qual fui gerente. Optei por ficar lá, fazer o ensino técnico em contabilidade e, assim, guardar dinheiro para estudar em uma cidade grande. Tinha traçado um plano e, apesar de uma oportunidade para jogar em um time de futebol profissional do interior de São Paulo, em que eu receberia auxílio-moradia e algum tipo de suporte, eu precisei dizer não.

Havia responsabilidades com a família, com o emprego e, principalmente, comigo mesmo. Além disso, alguns sonhos, infelizmente, têm prazo de validade, e esse era o caso com o futebol. Passei a jogar de maneira amadora e cheguei à segunda divisão; até hoje gosto de bater uma bola com os amigos. Atualmente, apoio os três clubes esportivos que existem na minha cidade, Casa Branca, com uniformes e materiais, além de ajudá-los na construção das sedes. Ainda colaboro com uma escolinha de futebol, com uma academia de judô e, mais recentemente, com um time feminino de futsal.

O ensinamento que carrego de tudo isso é o de que todo sonho pode ser readequado. E, assim como uma oportunidade passou pelas minhas mãos, eu sabia que outras até mais importantes apareceriam novamente. Dizem que Deus fecha uma janela e abre algumas portas. Tente, ao se deparar com algum tipo de derrota, olhar por outro ângulo e enxergar novas oportunidades.

E quanto a você, qual é o seu verdadeiro sonho? Ele pode ser realizado? Se sim, mãos à obra, vá em frente; se passou, não se amedronte ao precisar adequá-lo. O segredo é colocar o sonho sempre em destaque.

"Pobre não é a pessoa que deixa de ganhar recursos financeiros: é aquela que deixa de buscar seus sonhos." Esse sempre foi meu pensamento. Meus sonhos podem até demorar, mas eu nunca desisto deles. Neste momento, estou exatamente realizando mais um, que é escrever um livro que possa ajudar os empreendedores em suas empreitadas.

4) RESILIÊNCIA

Você deve ter percebido que o caminho que percorri não foi apenas de vitórias. Errei bastante e aprendi que tudo faz parte do jogo, em especial quando uma pessoa está disposta a empreender. Geralmente, as pessoas não estão preparadas para empreender; quase nunca, aliás.

Eu mesmo, quando optei por iniciar um novo negócio, apesar de já vivenciar essa realidade por anos com a Confirp Consultoria Contábil, me vi cometendo erros que me custaram alguns milhões, além de muito tempo e dedicação das pessoas envolvidas no projeto. Apesar das pedras pelo caminho, tive lucidez de "separar o joio do trigo" e, **ao definir os recursos para esse novo empreender, não envolvi o dinheiro da sustentabilidade financeira familiar.**

Mas por que errei tanto? Tenho uma teoria para responder a essa questão. Como se tratava de algo aparentemente novo, ao longo do caminho, **percebi que estava apenas olhando o óbvio por um novo ângulo, errei tentando acertar.**

Lá atrás, quando iniciei as atividades da empresa contábil, tudo se resumia a alguns clientes em uma garagem com telha de amianto e luz de mercúrio. Mas se tornou um império contábil, construído a partir das habilidades que aprendi durante os cursos técnico e de graduação. Não posso me esquecer do que, atrelado ao embasamento profissional, foi predominante e me levou à vitória de verdade: os trabalhos extras noturnos e aos sábados, domingos e feriados, quando desempenhei o melhor de mim no quesito contábil e empreendedor e, principalmente, a minha ousadia em inovar ao fazer algo diferente dentro de um setor extremamente conservador. No entanto, ao trazer essa vivência para a DSOP Educação Financeira, o negócio anterior não serviu como referência.

Na empresa contábil, a missão era levar aos clientes informações contábeis e tributárias para uma melhor gestão empresarial. O planejamento estava na pessoa jurídica e os pontos de atenção eram os clientes, os profissionais contábeis, a categoria tradicional, as legislações tributária e fiscal, os aspectos trabalhistas, os sistemas, a tecnologia empregada, entre outros.

Quero fazer uma observação que acredito ser relevante. Quando resolvi investir nesse novo negócio, eu havia desenvolvido na Confirp uma governança corporativa de grande qualidade, capitaneada pelo diretor executivo Richard Domingos e por outros cinco diretores. A partir disso, o negócio foi se aprimorando e passou a contar com uma gestão moderna e eficaz e com muita solidez financeira. O segredo desse vitorioso negócio foi um excelente desenvolvimento de líderes. Richard, por exemplo, iniciou as atividades profissionais aos 17 anos de idade. Registro esse momento com muito orgulho, porque participei da construção de um grande profissional, que de auxiliar de contabilidade chegou ao comando de um negócio contábil. Mas ele não é o único que merece crédito: também devem ser creditados os outros diretores da governança corporativa, que também foram treinados e ocupam cargos de grande responsabilidade.

Quanto ao empreendimento na educação financeira, iniciado em 2008, meu propósito era criar conteúdo e multiplicá-lo. A ideia estava correta, mas a execução não estava certa. Como se tratava de um assunto muito novo, as pessoas não olhavam para a educação financeira como uma solução em suas vidas – nem a conheciam, aliás. Quem dirá ensinar esse tema para crianças e jovens nas salas de aula do ensino básico. A ideia era que, acima de tudo, o foco estivesse todo na pessoa física e em seus sonhos, propósitos e desejos relacionados à vida.

À medida que o trabalho árduo era construído dentro da DSOP, mudanças estratégicas eram discutidas na nossa política. Entre elas estava a ENEF (Estratégia Nacional de Educação Financeira), instituída no fim de 2010, que pretendia discutir a educação financeira e sua aplicabilidade. E com a chegada de outras forças políticas empresariais como a ABEFIN (Associação Brasileira de Educadores Financeiros), da qual sou o idealizador, a AEF (Associação de Educação Financeira) e as iniciativas privadas como a própria DSOP, houve em 2018 a inclusão da temática na BNCC (Base Nacional Comum Curricular), sendo obrigatória em todas as escolas do ensino básico.

Nessa transição, aprendi que é necessário ficar atento se o atual negócio está em condições de suportar a sua ausência. É como aquele ditado: "Se o cobertor não conseguir nos cobrir por inteiro, é sinal de que não estamos preparados para o frio". É mais ou menos assim. O empreendedor vitorioso é um mestre e formador de novos mestres, em especial quando consegue formar líderes muito mais competentes do que o seu próprio mentor. Difícil, mas não impossível.

E, para tornar essa observação mais efetiva, após ter testado com sucesso o modelo desenvolvido na Confirp, na DSOP o feito não se repetiu. No início não surtiu o efeito desejado, e acabei trocando por diversas vezes a direção. Com isso, fui reinventando modelos até chegar a um que atendia aos desafios do negócio. **A única certeza que fica é a de que crescer dói não apenas nos negócios, mas também em todas as áreas da vida.** O acreditar e o perseverar fazem parte desse caminho.

Ao empreender nos deparamos com desafios, novidades, facilidades e também dificuldades. Dizem que as ameaças constroem um bom empreendedor, e eu até compartilho desse pensamento, porém ele não é 100% verdadeiro. Em alguns casos, esse errar para acertar precisa ser minimizado, o que é o caso de alguns empreendedores, como um controlador de voos, um médico, entre outras atividades que são vitais à vida. Um único erro pode tirar uma, centenas ou milhares de vidas. Seja qual for a atividade a ser empreendida, é preciso saber que em algumas delas o erro tem de ser próximo a zero. Pensando dessa forma, erros e acertos sempre existirão, e tudo dependerá da sua percepção a partir do momento que exercita o planejamento antecipado do que você pretende realizar. É preciso praticar a resiliência.

No caso de uma família, por exemplo, é importante que se tenha um projeto de vida, e todos os envolvidos devem compartilhá-lo. Para o negócio não é diferente; mesmo planejando, as probabilidades de acertos e erros podem aumentar ou diminuir dependendo do caminho escolhido.

5) EXCESSO DE AUTOCONFIANÇA

Para mim, a autoconfiança é a convicção de que uma ideia vai dar certo, defendendo-a ferrenhamente com embasamentos teórico e prático. Estar autoconfiante é ter o domínio sobre algo.

O excesso é prejudicial tanto para os negócios como para a família. É quase como uma doença, e quem a possui não ouve, não enxerga e não pede ajuda, o que, fatalmente, levará qualquer pessoa a cometer diversos erros.

Às vezes, nos pegamos apontando erros após a impressão de que tudo estava perfeito. Pense em um ou alguns empreendedores que entraram em estado de falência ao perceberem tardiamente que estavam no caminho errado. E não apenas nos negócios, mas também na família. Repare quantos casais se perdem no excesso de autoconfiança e, quando há uma ruptura por algum motivo, acabam se separando. Engana-se, porém, quem acredita que se declarar autoconfiante em um negócio ou no relacionamento a dois é totalmente prejudicial; tudo, na verdade, é uma questão de equilíbrio.

Vamos a um exemplo de um dos maiores destruidores na tomada de decisão: a mudança de empreender como empregado para empreender como empregador, a qual envolve excesso de autoconfiança, segurança e risco. Refiro-me principalmente à remuneração; quanto maior for o salário, mais difícil será a tomada de decisão da pessoa. Isso aconteceu comigo quando saí do meu empreender como empregado, em que tinha uma ótima remuneração, e precisaria me arriscar em um negócio próprio sem ganho garantido, sem os benefícios existentes até então. Se, naquele momento, eu tivesse pensado apenas no dinheiro e na segurança, certamente não teria deixado o emprego para me arriscar nesse novo negócio.

Quanto a isso, quero fazer uma importante observação: **ter um ótimo salário é a pior coisa que pode acontecer para alguém que pretende ser um empreendedor de seu próprio negócio.** Muitas pessoas ficam na dúvida de largar tudo e, por isso, acabam não se arriscando. Minha decisão, entretanto, foi mais uma vez assertiva, e troquei o seguro pelo incerto, o trabalho em um prédio climatizado com ar-condicionado, cafés e lanches no meio da manhã e no meio da tarde, entre outros benefícios, por um lugar pequeno – uma garagem com telha de amianto e luz de mercúrio. **Deixei de lado o certo, o seguro, e optei pelo duvidoso.** O risco era total. E, assim, dei continuidade à história vitoriosa, que não foi da noite para o dia nem de um mês para o outro. **O pulo do gato foi que, quando decidi mudar de empregado para empregador, meu risco já estava sustentado por uma reserva financeira, construída ao longo dos anos, que me dava uma sustentabilidade de, aproximadamente, dez anos.**

O tempo passa para todos nós, e para mim não foi diferente. Quando resolvi mudar da atividade contabilista para a de educador financeiro, a decisão foi bastante difícil também. Na atividade contábil, tinha estabilidade, pró-labore e recebimento de lucros; além disso, estava independente financeiramente. Então, qual seria o risco x segurança nesse caso? Simples, estava sustentável financeiramente por tempo indeterminado. Sabia que não iria receber do meu novo negócio pró-labore, lucro e os direitos autorais de minhas obras, visto que se tratava de um negócio novo, que necessitaria de muito investimento, não só de recursos financeiros, mas também (e principalmente) de doação integral do meu tempo. Seria um verdadeiro projeto social e me faria ficar mais ausente da família até que pudesse andar com suas próprias pernas.

E o desafio foi grande, já que a atividade nem mesmo era reconhecida como necessária no Brasil e em várias partes do mundo. O grande risco foi exatamente este: começar algo desconhecido, tendo de investir milhões, sem saber ao certo se esse empreendimento teria êxito. Em todo empreender, correr riscos faz parte do negócio. Foi assim que empreendi por anos, até que o tema educação financeira fosse reconhecido pela Base Nacional Comum Curricular; daí por diante, o retorno desses investimentos começou a chegar. Percebe que o resultado altamente positivo é fruto direto do acreditar, do perseverar e do empreender?

6) OTIMISMO: A ENERGIA DO EMPREENDEDOR

Otimismo é um estado de espírito contínuo de alguém que, independentemente do resultado, quer realizar algo. Uma pessoa otimista tem maior probabilidade de um resultado positivo. Isso porque eu acredito que pensar que tudo vai dar certo é um dos segredos de um empreendedor vitorioso. Não se trata de utopia, e sim de poder enxergar o fato acontecido de maneira diferente e alegre.

Devemos catalisar energias boas quando muitos catalisam apenas as baixas. Como é o caso da hiena Hardy, personagem de um desenho animado. Com o leão Lippy, ela buscava uma vida fácil. No entanto, a hiena sempre tinha um pressentimento de que algo iria dar errado. Um dos principais bordões de Hardy era "Oh, céus, oh, vida, oh, azar... Isso não vai dar certo". A personagem não conseguia pensar de uma forma mais otimista e, por esse motivo, as coisas realmente não terminavam bem. Assim como a hiena e seu companheiro, muitas pessoas sofrem de uma espécie de "síndrome de Hardy" e não conseguem enxergar o lado bom da vida.

Você já praticou estar de bom humor por um dia inteiro? Se já o fez, como foi? Acredito que tenha sido muito bom. Somos observados constantemente, e nossas ações diárias nos afetam, bem como as pessoas ao nosso redor. Antoine de Saint-Exupéry, autor de O pequeno príncipe, escreveu: "Tu te tornas eternamente responsável por aquilo que cativas". Arrisco-me a ir um pouco mais além e dizer: "Somos responsáveis por nossos semelhantes, mesmo quando eles não praticam essa boa energia do otimismo".

Ao cultivar uma lavoura, cuide bem do solo e das sementes, mas se atente à do vizinho. Caso isso não aconteça, a possibilidade de a plantação ficar exposta às pragas é enorme, o que colocará em risco a sua também. Imagine que essa lavoura seja o seu empreendimento. A lógica é a mesma.

Os maiores desafios da humanidade são se reinventar todos os dias, acordar e poder agradecer por mais um dia vivido e blindar-se de um cenário em que prevalecem, quase sempre, notícias ruins, duras, sensacionalistas, que nos fazem gastar nossas horas com assuntos que não agregam nada a uma vida de valor.

Devemos dar atenção às coisas boas, que trazem esperança e positividade, vivendo e praticando o otimismo, porque o otimismo não é só uma opção, mas também é um estado do SER. Isso se fez presente nessa empreitada da educação financeira; quando abri a DSOP em 2008, nem imaginei que o governo poderia implementar uma política como a ENEF. Quando isso aconteceu, foi maravilhoso, porque ratificou minha visão, consolidada em 2018 pela BNCC.

Presenciei, por diversas vezes, pessoas otimistas, com alegria estampada na face, serem lembradas para as boas oportunidades. Já aquelas que se retraem e se fecham nem sempre são lembradas. Isso não se dá somente no universo dos empreendedores empregados, mas também com os empreendedores donos de negócios, que buscam fornecedores que encontram prazer em falar, em conversar, de maneira presencial ou não. E eu lhe pergunto: onde você se encontra nesse estado de otimismo? Pense nisso. Quem é você?

Procure pelas pessoas que nunca desistiram de seus sonhos e veja quem tem o semblante aberto, sorridente, alegre, mesmo nas horas difíceis. Repare nas conquistas dessas pessoas, não só nas materiais, mas principalmente as que buscam um ambiente saudável, feliz, que gera felicidade. Quero propor um desafio. Ao acordar amanhã, se pergunte:

- **O que quero mudar de ontem para hoje?**
- **O que quero como resultado para o dia de hoje?**
- **Como quero que as pessoas me vejam hoje?**
- **O que farei para que todos tenham prazer de estar na minha companhia?**
- **O que farei para que as pessoas queiram me ver amanhã?**
- **Que legado estou plantando para o futuro?**

Essas perguntas podem ser o início de um novo posicionamento do seu SER. Pratique e perceba o quanto você está deixando passar aquilo que deve ser prioridade nas relações humanas, o relacionamento saudável e otimista. Como pode ver, trata-se de praticar e praticar até o dia em que se tornar hábito, e a vitória ser uma consequência.

7) EFICÁCIA E EFICIÊNCIA

O que é ser eficaz ou eficiente para você?

Eficiência e eficácia são palavras muito próximas, chegam a ser consideradas sinônimos, com pequenas diferenças em suas interpretações. Neste livro, porém, quero colocar um ponto de vista que julgo de suma importância para o empreender. No negócio e na família, a eficácia e a eficiência podem determinar a vitória. É necessária a busca pela solução com a visão 360 graus, ou seja, com a utilização da eficiência com eficácia. O eficiente procura quase sempre corrigir o efeito do dano causado. O eficaz, além de corrigir o que não está correto, vai além e busca a verdadeira causa do problema.

Grande parte das empresas trabalha com suas demonstrações de resultado com o lucro na última linha. Seria essa uma prática eficaz ou eficiente? A resposta é que elas agem de maneira eficiente. Levando essa visão para dentro dos negócios, no conceito de lucro em primeiro lugar, procuro apresentar a eficácia do negócio que tem o lucro como prioridade, e não mais como resultado.

Outro ponto que ressalto como eficiência é uma empresa procurar pelo aumento de faturamento sem ao menos observar o impacto disso nas operações, que pode ser a falta de capital de giro, de liquidez, de mão de obra ou de matéria-prima. Qualquer mudança deveria estar acompanhada desse tipo de análise. Quando essas questões ficam de lado, a empresa não é eficaz, porque deixou de enxergar o todo, focando o faturamento e se esquecendo de objetivar seus resultados de forma antecipada. Lembre-se sempre da visão 360 graus.

Os processos desenvolvidos, seja no âmbito familiar, seja no de negócios, geralmente são engessados e quase sempre são feitos no piloto automático. Muitas vezes, levam seus integrantes a não pensar e a não criar; com isso, tornam-se "robôs" e não tomam iniciativas. Já parou para analisar todos os processos que norteiam a vida pessoal e profissional? Não? Então, o faça!

Você deve repensar os processos de uma maneira muito simples: a partir de agora, faça de forma diferente o que você fez até ontem. É como escovar os dentes com a mão não habitual ou ainda chegar abraçando todo mundo na sua empresa, algo que nunca praticou antes. É preciso buscar o novo modelo processual, que, muitas vezes, está escondido há anos em seu cotidiano. Com essa nova forma de fazer, você perceberá que é possível melhorar e até procurar pela eficácia em seus processos eficientes.

Quantas vezes você praticou o que relatei? Nunca? Se sim, já deve ter constatado ou até obtido bons resultados. O que é, então, ser eficaz? Na minha concepção, a eficácia é o que norteia os resultados efetivos de um ser humano – muitas vezes, não pelo caminho traçado e planejado. Não estou dizendo que não existe planejamento, mas sim que você deve ousar o planejado.

Imagine-se em um prédio quando toca o alarme de incêndio. Você, que tem hábitos muito bem estruturados, caracterizados como eficiência, já pensa: "Vou pegar minha mala no armário, porque nela estão as chaves de casa e as do carro; além disso, preciso levar o celular e também alguns documentos importantes". Você pode não ter percebido, mas praticou ações com bastante eficiência e nenhuma eficácia. São muito comuns perdas significativas em nossos resultados, mas, nesse caso, a perda foi de vidas.

Quando levamos essa eficiência e essa eficácia para o universo do empreender, isso se torna ainda mais preocupante. No dia a dia, você vai se deparar com liderados que praticam atividades com muita eficiência, mas são pouco eficazes. Quantos colaboradores ao seu redor praticam algo com eficiência e, de fato, quantos exercem a eficiência com eficácia? Você que não tem colaborador e é empreendedor do seu próprio negócio já se fez essa mesma pergunta?

Proponho que pratique periodicamente, por meio de um diagnóstico, uma maneira de medir a eficiência ou a eficácia em sua vida. Com esse resultado em mãos, será mais tranquilo verificar se os seus processos são altamente eficientes, com resultados extremamente eficazes. Atente-se também, ao fazer esse levantamento, se você não está vivendo uma espécie de autossabotagem. Ela é responsável, muitas vezes, por nos remeter à eficiência, ou seja, fazer por fazer, deixando-nos cegos, no automático, e, por fim, bloqueando a busca pela eficácia.

E a pergunta que faço para fechar o assunto é: você é um empreendedor que tem como resultados os que apresentei? Se sim, parabéns. Se não, está diante de uma grande oportunidade de buscar a eficácia em seus resultados. **Um SER eficaz que respeita a eficiência sabe procurar pelos resultados, sonhos e projetos de vida em primeiro lugar.**

8) INDEPENDÊNCIA FINANCEIRA

Rico ou independente financeiramente? Essa terminologia de estar rico ou independente financeiramente deve ser analisada de uma maneira mais detalhada. O termo "estar" refere-se a algo temporal. Isso porque as pessoas não são, mas estão (vivendo, fazendo, estudando, criando). E tem sido bastante discutido no universo das finanças. De acordo com o dicionário Aurélio da Língua Portuguesa, "rico é quem possui muitos bens ou coisas de valor, aquele que tem riquezas". Tenho como princípio que a riqueza não está somente em ter bens. Ela vai muito além disso, porque vem de um estado de espírito do qual o maior valor está na riqueza das saúdes física, mental e espiritual.

Estar independente financeiramente é ter construído, ao longo da vida, uma reserva financeira com rendimentos mensais de uma receita passiva que seja capaz de render o dobro do padrão (custo) de vida. O uso desse rendimento mensal, no entanto, deve ser de apenas 50%. Se retirar mais do que a metade dele, a probabilidade de viver uma falsa independência financeira é enorme, com consequências drásticas, ou seja, você deixará de estar independente financeiramente. O segredo é respeitar o padrão de vida para que este possa ser adequado a 50% do rendimento mensal.

Leia esta próxima parte deste livro com muita, mas muita atenção. É um exemplo de vida para todos nós. Você vai se surpreender, assim como eu me surpreendi.

Tenho um sítio de lazer no interior de São Paulo há mais de 20 anos. Como acontece com todo sítio, havia a necessidade de um caseiro para cuidar e manter. Não é fácil encontrar uma pessoa de confiança e que trabalhe independentemente de você estar presente ou não; enfim, é bastante difícil encontrar o caseiro ideal. Até tive alguns bons, que trabalharam para mim por muitos anos, mas o que me chamou atenção foi um que, ao contratá-lo, fiquei bastante surpreso.

Ele era experiente, com mais de 50 anos, com esposa e filho e com pouca instrução escolar. Quando pedimos a carteira de trabalho para registrá-lo e a conta bancária para depositar o salário, fiquei assustado, pois, acreditem ou não, ele nunca teve carteira de trabalho, nunca contribuiu para o INSS e não tinha conta aberta em banco.

Mas por que estou falando disso dentro desse tema? É que, ao explicar para o caseiro a importância de ter um registro, uma conta bancária e pagar o INSS, ele me disse com muita clareza:

Caseiro: *Senhor Reinaldo, eu não tenho nada disso, não; eu sempre trabalhei sem carteira e nunca precisei de banco.*

Reinaldo: *Como assim?*

Caseiro: *Eu não preciso ter essas coisas.*

Reinaldo: *Mas como vai se aposentar?*

Caseiro: *Eu não preciso mais trabalhar para sustentar minha família.*

Reinaldo: *Mas como não precisa trabalhar? Com que dinheiro compraria suas coisas e pagaria as contas?*

Caseiro: *Durante toda a minha vida, desde minha infância, sempre guardei parte do que eu ganhava. E com esse dinheiro fui comprando terrenos e construindo casas, além da minha casa própria, do meu carro, quase 0 km. Hoje recebo aluguéis suficientes para sustentar a família, fumar meu cigarro e viver a vida com tranquilidade.*

Após um ano de trabalho e de conquistar a sua confiança, ele me respondeu bem ao pé do ouvido a seguinte pergunta.

Reinaldo: *Onde o senhor guardava esse dinheiro?*

Caseiro: *Na minha casa, em um buraco que fiz no chão. Todos os dias ficava sentado em um banquinho em cima do meu dinheiro, fumando meu cigarro e curtindo a vida com muito prazer e felicidade.*

Reinaldo: *Então, quer dizer que você guardava esse dinheiro para comprar terrenos e construir casas?*

Caseiro: *Sim, quando juntava o suficiente para comprar um terreno, pegava o dinheiro e pagava à vista. E assim comprei diversos outros terrenos e hoje vivo dos aluguéis dessas casas.*

Tenho certeza de que essa história o surpreendeu também. Ela veio para consolidar a **minha tese de educação financeira segundo a qual os investimentos até são importantes, mas de fato as ações fundamentais e necessárias são poupar, guardar, reter e proteger uma parte do dinheiro com objetivos e sonhos claros para que seja destinada e carimbada.**

É incrível como aprendo com as pessoas e com a vida. Não precisei sair do meu habitat, tampouco buscar grandes referências no universo dos milionários, em que pessoas pagam grandes fortunas para terem mentores. Repense suas escolhas e caminhos. Precisamos enxergar o óbvio e ver que as respostas, para grande parte de nossas perguntas e soluções, estão dentro de casa, quiçá na casa do vizinho. **Nunca imaginei que pudesse aprender com um ser humano tão simples algo importante que já prego como missão há muitos anos.** Considero esses ensinamentos verdadeiras provações, validações da minha missão e jornada.

Após esse episódio, como um bom educador financeiro, adotei-o como meu aluno predileto e o inseri no mercado de trabalho e financeiro. Hoje ele tem carteira de trabalho, fundo de garantia, INSS, férias e 13º salário e abriu uma conta bancária. E o mais importante: o dinheiro não está mais parado sem render juros; agora, está devidamente aplicado na caderneta de poupança e em outros tipos de investimentos. Veja como esse homem, com toda sua simplicidade, é um grande sábio e empreendedor. O próximo passo foi a mudança de sua moradia para o meu sítio. Com isso, teve mais um rendimento, alugando sua casa, ampliando sua renda passiva e melhorando ainda mais o seu padrão de vida. Não é demais? Eu relato isso com muito orgulho, felicidade e, acima de tudo, com muita gratidão a Deus por eu poder ter vivido esses momentos de tanto aprendizado: **de aluno ele passou a ser meu professor.**

Fazendo uma reflexão sobre o ocorrido, percebo que o meu caseiro é um grande empreendedor, seja na vida familiar, conquistando a tranquilidade e a independência financeira, seja na profissional, fazendo o que ama com muito amor e dedicação; isso é o que chamo de Empreender Vitorioso.

Esse é um sonho que também deve fazer parte da família, da qual os empreendedores, ou seja, os membros, devem buscar a realização. O processo de construção pode ser longo e demorado, dependendo do seu esforço. É necessário criar o hábito de guardar parte do rendimento mensal desde o primeiro salário ou pró-labore. Uma das coisas que logo entendi e apliquei na minha vida é que, quanto mais cedo uma pessoa começa a guardar, menor será a quantia necessária para atingir a independência. Já quanto menor o tempo, maior o esforço. **Lembre-se: o dinheiro é apenas um meio que norteia nossas vidas e jamais deve ser colocado como sonho.** Como ele é um meio, é imprescindível conquistá-lo para as suas realizações, inclusive a da independência financeira.

Para manifestar minha gratidão à vida, Deus me concedeu a possibilidade de me tornar independente financeiramente. E hoje me deparo com pessoas que me perguntam: "Mas, se você alcançou a sua independência financeira, por que não vai passear, conhecer o mundo, curtir a vida?". E eu lhes digo: "Estou curtindo a vida, faço o que eu gosto de fazer. Tenho a missão de levar a educação financeira para todas as pessoas que passarem pela minha vida". Agora também tenho a de levar aos empreendedores esse novo jeito de fazer, assim como já o faço na educação financeira. Tudo isso é feito com muita alegria e disposição. Portanto, não entendo a entrega como trabalho, e sim como prazer. Hoje posso dizer que trabalho por e com prazer.

Aproveito a oportunidade para fazer uma brincadeira. Quando perguntarem algo de que você discorda, diga em tom bem-humorado: "Cada um com seus problemas". Viver o nosso verdadeiro EU é algo a ser descoberto por cada um. Se me permitir, farei uma nova provocação: "O que você veio fazer na Terra?" Se sua resposta for viver intensamente, com felicidade e alegria, posso garantir que a independência financeira é um dos meios que levam a isso. Experimente, vale a pena!

Quando se empreende por prazer, fazemos isso buscando a máxima satisfação ao realizar determinada atividade, ou seja, o prazer é o fim. **Quando se empreende com prazer, o prazer já está presente.** Essa é uma analogia importante.

Vou dar um exemplo meu. Como contabilista, aos 37 anos, quando alcancei a independência financeira, tinha duas alternativas: continuar empreendendo POR prazer na área contábil ou empreender COM prazer na área de educação financeira. Isso não significa que, enquanto atuei como empreendedor contábil, não empreendia COM prazer, porém, como já falamos neste livro, o tempo passa e nossas vontades e desejos também crescem.

Portanto, todo empreender precisa ter o prazer como fim, independentemente de qual atividade estiver exercendo – trabalhando, estudando, passeando, convivendo com a família –, como aprendemos até agora nesse novo jeito de empreender.

Perceba que, quando estamos empreendendo nos negócios, as atividades podem ser inúmeras, e esse é um dos pontos importantes que merecem reflexão. Pode parecer estranho, porque até hoje todas as orientações sobre o empreendedorismo foram embasadas em negócios apenas profissionais. **Apresento esse jeito novo de entender o empreendedorismo, que não pode mais ficar preso a negócios profissionais**, já que a vida precisa ser vivida com equilíbrio e, para tanto, é necessário um novo olhar sobre o empreender que diz respeito às atividades do cotidiano.

Além da questão do COM e do POR prazer, você também precisa empreender naquilo que já faz. Para quem você vende o seu tempo? Lembre-se de que você não pode empreender apenas POR prazer. É preciso que esse prazer renda frutos. Você pode ser o melhor artesão do mundo, mas tem de ir além – ampliando seu conceito. Costumo chamar isso de empreendimento compartilhado; trata-se de algo muito importante.

Veja o exemplo de um empreendedor que comigo escreveu algumas obras para crianças e jovens, Mauricio de Sousa. Ele empreendia como cartunista e ampliou sua habilidade empreendendo o negócio de forma compartilhada, o que o levou a ser um dos maiores empreendedores nessa atividade. Como ensinamento, nós empreendedores precisamos ousar, inovar e ampliar nosso raio de visão, compartilhando nossos talentos.

Outro exemplo: eu mesmo poderia empreender na educação financeira de forma isolada, porém resolvi compartilhar e possibilitar o empreender de outros seres, assim como fiz enquanto contador e também no Rotary. Empreender é uma arte que está em constante metamorfose e não tem regras próprias. É uma busca, muitas vezes contínua, pelo desconhecido. Ao ter definidas metas claras e objetivas na mente e no coração, você empreenderá para realizar sonhos e terá o lucro em primeiro lugar.

Como visto até agora, busquei apresentar o que me levou a ser um empreendedor vitorioso. Isso só foi possível porque tive objetivos. Hoje eu tenho condições de passar esses ensinamentos para outras pessoas. Este livro é o resultado que extraí da minha essência empreendedora. O material que você, leitor, tem em mãos foi escrito e reescrito sete vezes antes de obter um texto final que pudesse externalizar as práticas de minha vivência empreendedora. Se chegasse à oitava versão, haveria, com certeza absoluta, outras mensagens importantes que agregariam ainda mais valor aos ensinamentos.

Meu relato começou quando tentei explicar o segredo da minha vitória empreendedora e, para isso, mergulhei em uma viagem ao túnel do tempo, desde o nascimento, as primeiras descobertas e a influência de meus pais. Ao analisar a trajetória de vida deles, descobri o quanto eles eram empreendedores. Meu pai e minha mãe, cada um do seu jeito, mostraram para mim e meus irmãos humildade, determinação, foco e perseverança. O que lhes faltou foi educação financeira, no entanto.

Mesmo com os ensinamentos caseiros, o caminho não foi tão fácil assim. Aprendi que empreender vai além dos negócios e vivenciei cada uma das características citadas anteriormente que considero ideais para um empreendedor. Já empreendia vendendo pipas aos sete anos e comprando minha primeira bicicleta aos 12. Bem como me dedicando aos estudos e trabalhos para que pudesse realizar meus sonhos. Empreendendo meu próprio negócio aos 25, e aos 37, alcançando a independência financeira. E, ainda, a partir dos 38, ao mudar radicalmente de atividade, com a educação financeira.

Um dos agentes transformadores foi o tempo, às vezes a favor, outras nem tanto. Desafiei esse tempo, isto é, fiz mais do que, normalmente, uma pessoa comum está disposta a fazer. Ousei e desafiei o tempo das coisas e fiz mais em menos tempo. E, assim como meu pai me ensinou, dormi pouco e sonhei acordado, seguindo instintos sem medo de errar – **tanto os erros como os acertos só me fortaleceram. O bom de tudo isso era que errava e corrigia o erro muito rapidamente. Talvez esteja aí uma das minhas estratégias da resiliência.**

Às vezes, as pessoas me olham e dizem "como esse cara tem sorte", pois "tudo em que põe a mão vira ouro". A verdade não é bem assim, não. O que eu fiz foi me esforçar muito. Sempre dizia ao meu irmão que não me considerava tão inteligente, porém era muito esforçado. **Enquanto algumas pessoas dormem, outras trabalham, e não existe vitória sem esforço contínuo.**

Trabalhar de sol a sol nos torna diferentes dos demais. É como uma pessoa que treina para uma corrida. Treina como todas as outras pessoas, porém faz mais, praticando em diversos horários. Esses, geralmente, são os campeões. E para alcançar esse estágio de **estar um empreendedor sustentável e vitorioso**, pratiquei as habilidades e as características que me levassem ao êxito do empreender. Procure sempre liderar e ser influente quando for empreender, tenha ainda autopersuasão, conhecendo os limites e aplicando conhecimentos sobre o SER, fazendo com que suas vontades sejam priorizadas.

Prepare-se para errar, pois nem sempre acertamos. Muitas vezes, os erros provêm do excesso de autoconfiança, estado em que ficamos cegos e tomamos decisões sem ao menos consultar outras pessoas. Seja otimista, com visão 360 graus em todas as situações, aproveitando as oportunidades e praticando de forma equilibrada a eficácia com eficiência.

O que me fez ainda mais empoderado e certo daquilo em que eu acreditava foi alcançar meu estado de independência financeira e também de riqueza, já que esta Deus me concedeu gratuitamente.

Agora que já vimos as características, habilidades e competências do empreendedor, chegou o momento de apresentar os fundamentos que me conduziram ao meu empreender vitorioso. Tenho convicção de que esses ensinamentos, se praticados, contribuirão para a construção de um modelo mental de seu novo empreender.

FUNDA
MENTOS
ESTRUTU
RADOS DO
EMPRE
ENDER

FUNDAMENTAR, SEGUNDO O DICIONÁRIO HOUAISS, *é "um conjunto de princípios a partir dos quais se pode fundar ou deduzir um sistema,* um agrupamento de conhecimentos. Base. Alicerce".

Partindo dessa definição, ao remeter para o universo do empreender, dentro do qual estão inclusas pessoas físicas e jurídicas, elas necessitam de fundamentos estruturados que, por sua vez, darão a esses empreendedores a sustentabilidade com resultados contínuos em primeiro lugar. Então, chegou a hora de conhecer cada um dos fundamentos do empreender e de se aprofundar. Vamos a eles.

NOSSA MENTE
NÃO É UMA FOLHA
EM BRANCO; É
UM RECEPTÁCULO
DE SENSAÇÕES,
SINAIS, ESTÍMULOS,
INFORMAÇÕES E,
PRINCIPALMENTE,
DE REFERÊNCIAS.

... QUEIRA O BEM
PARA AS PESSOAS.
QUEIRA O BEM
PARA SI MESMO...

MUNDO

O que você entende por mundo? Poderíamos pensar no planeta Terra, no universo, mas não é esse mundo que vou descrever nas próximas páginas. Estou me referindo ao meu mundo, ao seu mundo, ao nosso mundo, ao mundo do SER. Existe um ditado popular que diz que a grama do vizinho é sempre mais verde. Muitas pessoas tendem a se sentir inferiores quando comparadas a outras pessoas. "Se eu tivesse aquela vida, seria mais feliz. Ou se morasse naquele lugar, poderia conquistar mais coisas", pensam elas. Eu lhe pergunto: será mesmo que você estaria plenamente realizado se morasse no lugar "x", tivesse o carro "y" e assim por diante? Outro ditado diz que não adianta fazer a mesma coisa e tentar conquistar resultados diferentes. Não é de hoje que as pessoas pensam assim sobre um assunto. Esse fundamento pretende discutir o seu mundo e fazê-lo perceber, independentemente de onde você estiver, que é possível estar bem com o seu SER.

Aproveito para lhe fazer outra pergunta: tem alguém indo para esse novo lugar? A resposta é você. É até possível mudar de lugar fisicamente, mas você carrega o seu Eu para esse novo local. E aí de novo lhe pergunto: o que de fato mudou? Se a resposta for "praticamente nada", você só fez uma transferência física de localização, porém o seu Eu permaneceu o mesmo. Não importa qual seja o lugar em que você queira viver, trabalhar ou estudar, uma coisa é certa: você é o MUNDO e você é o SER que faz a diferença nele. Você é a sua essência, é imagem e semelhança de Deus; por isso, se você realmente não quiser tal mudança, nada poderá ser alterado.

Se verificar na história da arte, na filosofia, na literatura, na política, na economia e na religião – enfim, em todas as áreas do conhecimento –, aqueles que em seu campo de criação fizeram alguma coisa notável estavam simplesmente dando continuidade à tradição ou se contrapondo a ela. Não existe criação pura: até nós mesmos fomos gerados por dois outros seres e demos continuidade à humanidade. Isso significa que você não precisa buscar tantas coisas fora de você, do seu contexto. É necessário, na verdade, melhorar a capacidade de empreender tudo o que passa pela sua vida: dinheiro, tempo, estudo, diversão, família, relacionamento e religiosidade.

O que proponho não é algo que eu tenha "criado" sozinho no meu mundo. Tudo o que eu estou dizendo já existia, mas estava espalhado de forma oculta pelo universo. Faltava apenas olhar com outros olhos, ver além do olhar físico, a partir de outra perspectiva, de um ângulo diferente. **Nossa mente não é uma folha em branco; é um receptáculo de sensações, sinais, estímulos, informações e, principalmente, de referências.**

Quer ver um exemplo disso? Ao dirigir um veículo, você pode nem perceber, mas em alguns momentos acaba dirigindo sem notar que o retrovisor está mal posicionado. Assim que o problema é percebido e ajustado, você passa a ver o que antes estava escondido. Não porque não estivesse lá, mas, sim, porque o seu foco não estava voltado para aquele ponto. Posso afirmar que a mesma coisa ocorre com essa nova visão do empreender.

As oportunidades estão à disposição aqui, ali, em todos os lugares. Basta ajustar as lentes para enxergar de verdade e percebê-las. É disso que estou falando, de **ajustar o foco.** Você se lembra da visão 360 graus, quando falei de autoconfiança? A princípio, pode parecer sutil, mas não o é, pois demanda uma vontade de querer olhar diferente, de mudar a maneira de encarar a realidade; depois, requer paciência e atitude.

Chegou o momento de **usufruir desse novo olhar para o seu mundo**, mas é claro que não se muda o olhar de um dia para o outro. No entanto, já nos primeiros momentos, pode-se perceber a diferença empreendendo para o novo olhar. A alegria que essa descoberta proporciona pode ser um estímulo para outras ideias, que, dependendo da sua perseverança, virão em sequência e passarão a ser um hábito para toda a vida.

Outro ponto no olhar é repetir um feito, como quando você lê um livro pela segunda ou terceira vez. A cada repetição, você tem uma nova visão, um novo entendimento, um novo olhar; em cada uma, um novo mundo surge diante de você.

Os ensinamentos que proponho ao longo da leitura foram extraídos de cada construção e revisão do construído. Por incrível que pareça, a cada momento vou melhorando minha própria visão e fazendo com que isso não seja só mais um livro, mas, sim, uma obra-prima em que explorei meu mais profundo EU. Experimente ler este livro três ou quatro vezes e perceba o que estou lhe dizendo, além, é claro, de praticar os ensinamentos que me levaram a ser um empreendedor vitorioso, buscando os sonhos e o lucro em primeiro lugar.

A linha em que atuo, trabalho e oriento as pessoas está embasada no canalizar forças ao que chamo de empreender o novo e de novo; isso mesmo, repita, ouse sem medo de errar, o que consiste em fazer uma análise do que viu, leu ou presenciou, uma reflexão sobre o que já foi feito e, com base nisso, projetar o que quer para o futuro.

Não importa a idade: se você é um jovem há menos ou há mais tempo, é sempre possível começar de novo.

Sabe qual é o maior desafio? Acreditar que pode sair da estagnação e deixar de viver no piloto automático, como vem fazendo há muito tempo, e pode assumir o comando dessa nova história. E vamos para um desses desafios que fazem com que o seu mundo tenha grandes oscilações nos resultados.

O primeiro deles é o desapego. Estar apegado demais a alguma coisa é algo complexo. Para uns é mais complicado desapegar do que para outros. Talvez seja muito difícil para você, para a sua família e para as pessoas que o cercam. Existe um senso comum que relaciona o desapego apenas aos itens materiais. Esse é apenas um tipo. Vamos a alguns exemplos.

No trânsito, quando um veículo, por descuido, encosta em outro e ocorre uma pequena colisão – nada sério diante daquele trânsito intenso –, a pessoa lesada para, abre a porta e, com ar de superioridade e imponência, averigua o estrago no carro. Faz isso antes mesmo de se preocupar com o semelhante do outro veículo, se ele está passando mal ou se precisa de algo. A pessoa simplesmente se preocupa com o seu bem material.

Ao ler um jornal, uma revista, acessar um site ou assistir à TV, boa parte do conteúdo não é nada útil e traz informações negativas que não agregam valor à vida. Isso não ocorre por acaso. As notícias negativas dão mais audiência do que as positivas, o que ocorre exatamente por questões emocionais do próprio ser humano. Repare na maneira como você se comporta diante desse tipo de notícia. Deixar de olhar para isso também é um exercício de desapego. Lembra-se de quando eu falei sobre desativar as notificações dos smartphones? Estamos apegados demais às informações que nem mesmo sabemos quais são. Perdemos tempo e deixamos de dar atenção ao que realmente importa. Como exercício diário, seja no apego material ou não, aprenda a se desapegar do que, conscientemente ou inconscientemente, leva as pessoas a se tornarem mais materialistas ou mesmo pessimistas.

Geralmente, o desapego traz uma desaceleração dos hábitos; é como se você se desconectasse da tomada e não tivesse chão. Esse desafio pretende mostrar como é possível olhar a vida por um outro ângulo. Parece difícil de entender, mas não é. Vamos à prática?

Fique 24 horas – isso mesmo, um dia inteiro – sem o celular. Fácil? Veja algumas possíveis desculpas para não o fazer:

- **Utilizo para o trabalho, logo não posso ficar sem;**
- **É meu despertador;**
- **Controlo minha agenda e meus e-mails;**
- **Em caso de falta de energia elétrica, utilizo a lanterna;**
- **Faço todos os cálculos nele;**
- **Acesso as redes sociais, fotos, GPS, bancos;**
- **É meu telefone.**

Já sei, você trabalha com ele durante a semana, e que tal ficar sem o celular no fim de semana ou quando estiver de folga? É perfeitamente possível transferir essa lógica para o vestuário ou alguma outra coisa de que você precise se desapegar. Faça uma autoavaliação e institua o hábito do desapego. **É muito melhor SER do que TER. Acredite!**

Aproveite para construir novas relações pessoais, desapegando-se de pessoas negativas, de baixa autoestima. Busque relacionamentos de qualidade que tragam energias positivas, que sejam sinceros, que agreguem de verdade valor à sua vida. Ao praticar o desapego, você contribui ajudando o próximo, doando o que não lhe serve mais para quem precisa de verdade: uma roupa com um caimento ruim em você pode ficar excelente em outra pessoa; um livro antigo e em bom estado pode ser um presente para o outro. Há ainda a possibilidade de fazer uma verdadeira limpeza no guarda-roupa e colocar muita coisa à venda em um brechó, conseguindo até dinheiro em troca.

Por isso, o empreendedor, nos âmbitos pessoal e profissional, deve, sem dúvida, fazer uma grande reflexão de seus apegos e tomar decisões a fim de evitá-los, contribuindo de forma positiva para os sonhos e o lucro em primeiro lugar. Além do grande desafio, há também um outro, o desconhecido. Quando idealizei o negócio de educação financeira, meu irmão Richard Domingos me disse que não entendia a sopa de letrinhas chamada DSOP (a sigla significa D, de diagnosticar; S, de sonhar; O, de orçar; e P, de poupar). Perguntou-me por que estava pensando em gastar milhões nisso se já era independente financeiramente. E continuou: “Vá curtir a vida, passear, conhecer o mundo. Você está louco! Vou interná-lo”.

Eu, logicamente, não o levei a sério e até o perdoei, porque, sem dúvida, poderia fazer tudo isso e muito mais. Precisava, porém, lhe confessar uma coisa que tinha acontecido comigo, algo que só poderia ter vindo de **Deus**. Ele **me mostrou o caminho**, e eu senti que havia sido preparado para escrever sobre a maneira como me tornei independente financeiramente, o que culminou no Terapia Financeira, meu primeiro livro.

Quando decidi escrevê-lo, optei por uma maneira bastante artesanal e por um jeito especial, feito à mão. Debrucei-me sobre um bloco de anotações em branco e cadernos usados – enfim, tudo em que pudesse escrever. Fiz isso durante três anos, nas madrugadas, nos fins de semana e nos feriados. Registrei o filme da minha vida. Procurei extrair da mente e do coração tudo o que pudesse me mostrar o caminho que percorri. Tudo o que uma pessoa precisaria saber para alcançar os sonhos de uma maneira equilibrada e saudável, inclusive o da independência financeira. No entanto, pela quantidade de informações reunidas, percebi que escrevi não apenas um único livro, mas tinha conteúdo para mais de dez obras.

Com essa prática de escrever colocando no papel, percebi a força das mãos. Passei a orientar meus alunos a fazer o mesmo. Digo a eles que, quando estamos com a caneta em punho apontada para o papel, somos capazes de colocar muito mais emoção, amor e verdade naquilo que escrevemos. Nada de copiar e colar trechos diante de uma tela de computador. Ao escrever à mão o que está dentro de nós, verdades são transportadas para o papel. É quase como você ser conduzido por uma força maior. Por isso, ouso até mesmo falar que as palavras de meus livros vieram de meus ensinamentos e, acima de tudo, foram conduzidas por esse SER maior que posso com segurança chamar de Deus.

Pare de ler, concentre-se e experimente escrever com sua própria mão nesse espaço, sobre o que VOCÊ deseja proporcionar a você, à sua família e ao seu negócio.

Não tente, FAÇA:

Talvez você tenha tido muita dificuldade em começar, mas depois certamente deslanchou e o espaço pode ter ficado pequeno. Mas não pare por aqui, continue. E não se esqueça: muitos que estão ao seu redor, às vezes até mesmo cônjuge ou parceiro, não sabem quem você é, o que pensa e quais são seus verdadeiros sonhos. Se você não sabia, imagine eles. Da mesma forma, no seu negócio, seus colaboradores podem não saber quais são suas metas e até mesmo sua missão. Pense nisso!

Essa é uma grande oportunidade para revelar seus maiores objetivos aos seus pares. Provoque-os e peça que eles também escrevam os sonhos deles. Garanto que você se surpreenderá. Isso é MÁGICO; experimente e passe a compreender melhor o significado do empreender o desconhecido.

Outro ponto importante para se tornar um empreendedor vitorioso é a força da expressão: escrita, verbal, corporal e visual. Trata-se de habilidades muito bem trabalhadas em minha trajetória. Logo, se eu proponho algo, antes mesmo de colocá-lo em prática, procuro perceber se eu realmente acredito naquilo. Caso contrário, paro antes mesmo de começar. Se nem você acreditar na sua capacidade, dificilmente convencerá outra pessoa a querer comprar a sua força de trabalho ou mesmo o seu produto.

Se alguém me perguntar: “Mas, Reinaldo, olhando para trás, no início da sua trajetória, você sabia o que iria acontecer?” Como já falei no livro, eu não sabia, ainda bem que não. E, certamente, se alguém fizesse a mesma pergunta a Bill Gates, Steve Jobs ou Mauricio de Sousa, sem querer me comparar a eles, provavelmente eles responderiam algo semelhante. Analisando por esse prisma, posso afirmar que empreender é algo maravilhoso, mas é desconhecido.

Não olhe só para o futuro, viva o presente, porque ele pode chegar de uma maneira diferente do que você almejou. E, se ficar muito tempo pensando no depois, deixará de viver o hoje. As coisas não aparecem do nada. Elas vêm do nosso interior, da percepção mais apurada de tudo o que acontece à nossa volta. Eu crio produtos, serviços e sistemas; além disso, desenvolvo pessoas e o meu EU em especial. Mas a percepção, aquela que vai além do óbvio, é difícil de ser captada, e isso eu considero uma das coisas mais importantes.

Fazer o óbvio acontecer significa trazer o desconhecido à luz. Quando alguém comenta que até concorda com as minhas orientações, mas, no seu caso – da pessoa –, não há o que fazer, costumo dizer uma frase simples que me acompanha há muito tempo: “Jogue para o Universo!”

O que significa "jogar para o Universo?" Em geral, quando existe um problema ou quando tudo começa a dar errado, as pessoas tendem a deixar de se comunicar com as outras e com o mundo. Em outras palavras, se fecham em suas caixinhas, em suas armaduras.

Quando vejo alguém nessa condição, a única coisa que me vem à mente é dizer: saia da sua caixinha, jogue para fora o que está dentro de você. Fale, escreva, materialize aquilo que deseja e divulgue isso. Nada acontecerá se você permanecer fechado em seu casulo. Lembre-se da borboleta: até ela conseguir voar, tem seu período de hibernação e perseverança. Ao se comunicar com o Universo, ele certamente responderá. Nem que seja para lançar uma luz indicando o primeiro passo para a saída dessa situação.

Gosto muito da lei do Universo. Jogue para ele, mas não só jogue: é preciso ir atrás, e ele certamente fará com que aconteça. Digo e repito sempre: **queira o bem para as pessoas. Queira o bem para si mesmo**, isto é, pratique, fale e pense em coisas positivas. Isso não lhe custa nada.

Nós, seres humanos, somos vulneráveis e influenciáveis. De repente, você diz que quer comprar um carro verde de uma marca "x". Você nunca viu um carro como aquele e, mais do que depressa, começa a observar, por todos os lados, carros verdes daquela marca "x". Que incrível, não é? Parece que, ao verbalizar, você cria um campo de força, um magnetismo, uma atração. Eu acredito na lei da atração e no quântico. De verdade, jogue para o Universo e o Universo vai trazer para você. Acredito cegamente nisso. **Plantar o bem é a certeza de colher o bem. Eu penso no que quero. Escrevo o que quero. E o que quero se realiza.**

No livro *Alquimia pessoal*, dos meus amigos e irmãos Vinícius Guarnieri e George Patrão, eles discorrem sobre esse aparente mistério que há na forma de como as coisas acontecem ou deixam de acontecer. Pela descrição deles, percebemos que não há exatamente um mistério, mas, sim, uma relação de causa e efeito entre os fatos.

JÁ FAZ TEMPO QUE A PALAVRA COINCIDÊNCIA DEVERIA TER SAÍDO DO DICIONÁRIO. NÃO PORQUE CAIU DE MODA, MAS PORQUE PODE SER SUBSTITUÍDA POR OUTRA MUITO MAIS SIGNIFICATIVA E REAL: SINCRONICIDADE. A DIFERENÇA ENTRE AMBAS É ENORME: ENQUANTO A SINCRONICIDADE RECONHECE HAVER UMA RELAÇÃO ENTRE DOIS FATOS DIFERENTES QUE OCORREM DENTRO DE UM MESMO CONTEXTO, A COINCIDÊNCIA NÃO RECONHECE ESSA RELAÇÃO, SUGERINDO QUE A SORTE FEZ COM QUE TAIS FATOS ACONTECESSEM COMO ACONTECERAM. EM OUTRAS PALAVRAS, A SINCRONICIDADE É UMA COINCIDÊNCIA QUE TRAZ UMA MENSAGEM OU SIGNIFICADO A SER ENTENDIDO. O DESUSO DA PALAVRA COINCIDÊNCIA SE DÁ PELA CONSTATAÇÃO DE QUE SÓ HÁ SINCRONICIDADES: TODA COINCIDÊNCIA TEM SIGNIFICADO.

MAIS DO QUE ISSO, A SINCRONICIDADE É A LINGUAGEM COM A QUAL O UNIVERSO SE COMUNICA COM CADA UM DE NÓS. ELE NOS CHAMA A ATENÇÃO PARA AQUILO QUE MERECE SER VISTO E PERCEBIDO COM ATENÇÃO, OS CONFLITOS QUE DEVEM SER APAZIGUADOS EM NÓS MESMOS, AS OPORTUNIDADES A SEREM CONSIDERADAS, OS PERIGOS À FRENTE QUE PODEMOS EVITAR, OS EMARANHAMENTOS QUE DEVEM SER CONCILIADOS E TANTAS OUTRAS COISAS.

PODEMOS DAR-LHES ATENÇÃO OU NÃO, ASSIM COMO PODEMOS OUVIR OU NÃO A BUZINA DE UM CAMINHÃO QUE CRUZA A RUA EM QUE ESTAMOS, COMO PODEMOS ACEITAR OU NÃO A AJUDA GENTIL DE UM DESCONHECIDO. CURIOSO É NOTAR QUE, QUANTO MAIS NOS ATENTAMOS ÀS SINCRONICIDADES, MELHOR SE TORNA NOSSA CAPACIDADE DE PERCEBÊ-LAS E INTERPRETÁ-LAS.

GUARNIERI, Vinícius e PATRÃO, George. Alquimia pessoal – Como vencer a autossabotagem e atingir a prosperidade total. São Paulo. Editora DSOP, pág. 100-101, 2ª edição, 2014.

Viu como a sincronicidade é interessante e conecta o SEU Mundo, desapegando-se de tudo o que não agrega valor à sua vida, promovendo no Universo o que realmente busca como a sua essência do SER?

Percebeu o quão óbvio é esse tal de desapego e de jogar para o Universo?

Acontece que vivemos em uma época em que não observamos o que fazemos. Isso porque estamos tão no automático que o óbvio passa despercebido. Ou seja, não o vemos, mas está lá.

Desde a infância, sempre procurei observar, notar as coisas ao meu redor. Eu me lembro do meu primeiro trabalho como auxiliar de camelô. Sabe como o consegui? Não foi simples, fiquei observando por dias o senhor Geraldo, e percebi que ele fechava todos os dias a banca às 15h e a reabria somente às 18h. Nesse período, notei que ele perdia vários clientes. Algum tempo depois disso, pedi licença e perguntei se ele precisava de alguém para ajudá-lo e, para minha surpresa, ele disse que não. Contou-me que poderia tocar o negócio sozinho e que, aliás, nem tinha tantos clientes. E terminou alegando que eu era apenas uma criança e deveria estudar.

Prontamente, respondi a ele que só estudava no período da manhã e poderia ajudá-lo na parte da tarde, ainda mais que tinha percebido a quantidade de clientes que perdera enquanto a banca permanecia fechada. Desconfiado, senhor Geraldo me questionou como eu poderia saber que ele estava perdendo fregueses. Muito astuto, respondi que, por causa da proximidade com a rodoviária, a quantidade de pessoas que passam pela barraca dele era enorme, inclusive no período em que ele não estava.

Fiz uma proposta irrecusável e, com a promessa de que cuidaria do negócio dele enquanto ele estava ausente, me foi dada a primeira oportunidade. Comecei a ganhar dinheiro para realizar o meu primeiro sonho material, a bicicleta. Já que meu outro sonho, aquele não material, de ir ao cinema, eu realizei aos sete anos, depois que meu pai me ensinou a fazer pipas e vendê-las.

Foi um ensinamento e tanto. E tudo isso aconteceu porque enxerguei uma oportunidade. Para mim, era nítido que o senhor Geraldo não via o óbvio do próprio negócio. Mas ele não é o único. Apesar da minha sagacidade na infância, ainda hoje caio em ciladas empreendedoras bem parecidas como a do meu primeiro patrão, mesmo com a experiência que tenho, porque continuo não enxergando o óbvio.

Fica, então, um ensinamento bastante valioso, independentemente da idade ou experiência: todo mundo pode se tornar uma vítima do óbvio. Mas não se preocupe, pois isso faz parte do contexto de nossas vidas. O jeito para tentar minimizar o efeito negativo dessa grande saia justa é buscar os propósitos e os sonhos no caminho da sua conquista empreendedora e, sempre que possível, ficar atento a tudo o que for óbvio e que o faça conquistar seus objetivos de uma maneira mais equilibrada.

Essa tal obviedade está mais presente do que imaginamos. Quando escrevi o Terapia Financeira, descobri que tinha um jeito simples de lidar com o dinheiro e que priorizava sempre os sonhos; batizei-o de **Metodologia DSOP**, composta por quatro pilares: Diagnosticar, Sonhar, Orçar e Poupar. O mesmo feito se repetiu no conceito e nos tipos de mesada, materializados academicamente pelo livro Mesada não é só Dinheiro, em que constatei não existir apenas uma mesada, que todos conhecem como a financeira, havendo oito tipos.

Em linhas gerais, relaxe. O óbvio faz parte da nossa vida e do nosso mundo. Proponho que lance um olhar crítico sobre o cotidiano. Admito que não será fácil, mas tente, faça um diagnóstico do seu EU. Aguce a percepção e faça perguntas a si mesmo ou ainda descreva sua rotina, anote tudo e faça diferente. Imagine que você possa deixar o seu corpo e se olhar de fora, como se fosse o protagonista de um filme a que estivesse assistindo. Assim estará mais próximo de enxergar melhor o seu próprio mundo e alcançar o seu bem-estar.

No meu entender, as pessoas têm uma visão distorcida do que é uma rotina. Em minha visão, a todo momento nos reinventamos, mesmo sem sabermos que isso esteja acontecendo. Somos vítimas de um processo de metamorfose e estamos em contínua transformação. As células do organismo morrem a cada segundo, enquanto outras nascem. E, com isso, não percebemos o que está ocorrendo ao nosso redor. Por isso, é preciso estar atento ao recomeço, ou melhor, ao começar de novo. Quando abrimos os olhos, estamos nascendo para mais um dia e, com ele, há um novo início. É preciso sair da rotina, do paradigma monótono que nos acompanha e está baseado em hábitos e comportamentos arraigados sem questionamentos.

Alguém pode dizer: "Meu avô fazia assim, meu pai fazia assim, eu estou fazendo assim e acho que devo ensinar meus filhos a fazer assim também". É quase uma "síndrome de Gabriela". A música Modinha para Gabriela, escrita pelo poeta Dorival Caymmi, eternizou a frase icônica *"Eu nasci assim, eu cresci assim, eu sou mesmo assim, eu vou ser sempre assim, Gabrieelaaa"*.

Ocorre que o "ensinar da mesma maneira" significa fazer a mesma coisa que é feita há muito tempo. É claro que a modernização trouxe a inovação e a tecnologia, mas os processos, muitas vezes, são os mesmos. O que é a tecnologia no processo? É fazer algo de forma mais rápida. No entanto, é o mesmo. Portanto, é preciso sair do automático, dessa cadeia viciosa.

É mais ou menos como você ir ao supermercado e comprar as mesmas coisas todos os meses. Você já sabe onde estão as gôndolas e até fica irritado quando algum produto é colocado em outro lugar. Isso acontece porque o piloto automático está ligado. No trabalho, também acontece de forma parecida, principalmente se você for um colaborador com muito tempo de casa. As mudanças causam estranheza, porque o forçam a sair da zona de conforto. No entanto, se você passar pela sensação de desconforto e até por uma pequena frustração e seguir em frente, não desistindo, provavelmente essa situação fará com que você cresça. Dessa forma, você "evoloi", como dizia meu filho Fabrizzio aos dez anos ("Pai, como a gente evoloi!"). E você evoluiu nesse sentido? Ou está vivendo no automático? Pense nisso. É necessário praticar o novo começo.

Quando ministro os cursos para os profissionais da educação financeira, noto que os alunos têm o hábito de escolher sempre as mesmas cadeiras. Parecem se apossar do lugar em que se sentaram no primeiro dia, mesmo que aquela posição não seja a melhor. Ninguém lhes disse que deveriam ficar no mesmo lugar ou que poderiam escolhê-lo livremente. Mesmo assim, religiosamente estão lá no mesmo lugar. Não é diferente no mundo digital, no qual as pessoas, em seus afazeres profissionais, abrem seus notebooks e percorrem os mesmos caminhos de forma rotineira, sem ao menos notar que se tornaram escravas desse processo.

As pessoas se condicionam, se isolam do mundo. Isso em todos os setores da vida. Tem gente que pega o mesmo ônibus há anos e nem sabe que existem opções mais confortáveis, mais baratas e até mais rápidas. Mas, por conta do hábito, não sabem nem procuram saber. O processo se repete ao longo do dia. Ao voltar para casa, depois do trabalho, digamos que você costuma ir direto para o banho. A toalha e o sabonete estão no mesmo lugar. Se, porventura, esses itens não estiverem lá, naquele lugar, isso já se torna motivo para discussão e insatisfação. Isso revela hábitos mecânicos, ortodoxos, rítmicos. Até que ponto isso é bom para o ser humano?

Ousar, procurar um novo ângulo e fazer diferente foram posturas que me fizeram obter a vitória no meu empreender. Eu nunca faço a mesma coisa do mesmo modo. Simplesmente não consigo. Este livro é um exemplo disso: o reescrevi diversas vezes, trazendo um novo olhar em cada uma delas. Minhas entrevistas também nunca são iguais. Estou sempre em busca do novo, do desconhecido. Faço isso porque acredito que dessa maneira me renovo a cada instante. Quanto mais diversidade, mais desafios, mais "nãos" recebidos, melhor serei como pessoa e como empreendedor.

"Ah, Reinaldo, em uma empresa a gente tem um ritmo, uma forma meio mecânica", você pode argumentar. Concordo com isso até certo ponto. Em uma empresa, se você trabalha em um escritório, você entra, registra o ponto, liga o computador, acessa os e-mails, atende ao telefone, almoça, toma café, conversa com os demais colaboradores, desliga o computador, registra o ponto de novo e vai para outro local (escola, casa, cinema, bar etc.), e no outro dia tudo se repete. Ao viver fazendo tudo exatamente igual, todos os dias, um dia você pode se dar conta de que algo está errado. O que você está fazendo com a sua vida? Cada um sabe a sua resposta. Saia da mesmice, da rotina, e abra novos horizontes, ousando o diferente.

Sabe aqueles dias em que você está bem e nem sabe o porquê? Você se vê emitindo boas energias para as outras pessoas, esse é o espírito do empreender dentro de você. Às vezes, estou falando sobre determinado assunto e, logo na sequência, passo a pensar em outra coisa. Opa... "Peraí", me dispersei novamente. Está vendo, até mesmo escrevendo eu me desprendo de mim mesmo.

Voltando... Estou empreendendo o meu próprio modelo mental, uma linha de pensamento, e, na sequência, estou pensando em outro modelo que poderia ser melhor. Em minha opinião, o que os empreendedores precisam aprender é empreender o novo começo. Fique atento e veja o que tem feito nesse sentido na vida pessoal e na profissional.

Para concluir o fundamento Mundo, ficou evidenciado que todos nós temos as nossas verdades. É difícil; mesmo eu, com minha experiência, não conseguiria orientá-lo sobre qual caminho seguir. Isso porque eu não conheço a sua verdade, e ela só pertence a você. O que me resta, então, é recomendar que releia esse fundamento. Mas atenção: não pare apenas no **Empreender o Mundo**, volte e releia todos os outros, porque existe uma relação de sincronicidade. E, a partir desse conhecimento adquirido, poderá traçar seus novos voos e fazer sua nova verdade.

Não tenha medo de fazer, de testar, de ousar, de começar de novo. Enxergamos, mas, muitas vezes, não vemos o óbvio.

Todos nós temos nossos apegos.

Todos nós erramos e acertamos, e isso pouco importa.

Acredite na sua verdade, porque ela será o ponto de partida para suas novas verdades. Não deixe ninguém, nem mesmo a autossabotagem, tirar você desse novo caminho. Com isso, poderá navegar e aproveitar melhor o seu tempo.

VIVER O TEMPO
É VIVER O
SER QUE ESTÁ
DENTRO DE VOCÊ.

AS PRIMEIRAS
DERROTAS SÃO
AQUELAS EM
QUE SE PERDE PARA
SI MESMO. É QUANDO,
FATIGADAS, AS
PESSOAS DESISTEM.

TEMPO

De acordo com o dicionário Houaiss da Língua Portuguesa, o tempo é uma "duração relativa das coisas que cria no ser humano a ideia de presente, passado e futuro". Ou seja, um "período contínuo, no qual os eventos se sucedem".

Ao falar sobre o tempo e os eventos vivenciados nos âmbitos pessoal e profissional se torna imprescindível respeitá-los como verdades absolutas. Isso ocorre porque não é possível voltar no tempo e reconstruir algo que já foi feito. Portanto, procuro sempre olhar para o que eu posso mudar e não para o que já fiz. O que nos resta no presente é construir as novas verdades e projetá-las em nosso futuro. Daí a importância desse fundamento chamado TEMPO. Ele, sem dúvida, é um agente não renovável que passa muito rapidamente.

Por exemplo, agora mesmo o evento que está praticando é a leitura desta obra, aprendendo fundamentos, habilidades e características e conhecendo um pouco da minha trajetória empreendedora vitoriosa, que nada mais é do que a minha verdade; após a leitura, poderá incorporar esse aprendizado à sua verdade. Chamo, entretanto, a atenção para algo que julgo de extrema importância dentro do empreender, que é o FAZER.

Isso quer dizer explorar o tempo de forma que você esteja no comando dele em vez de ser comandado por ele. É uma forma de viver sempre olhando à frente, o que promove uma adrenalina maravilhosa, pois o que existe lá na frente é totalmente incerto e desconhecido, mesmo que planejado. "Então, planejar para quê?", você poderia me perguntar. **Planejar é uma das maneiras de simular situações futuras para ampliar a probabilidade de acerto.** Isto é, transformar o planejado em realizado, obtendo com isso sua verdade vitoriosa.

Viver o tempo é viver o SER que está dentro de você. Viver o seu tempo é entender que ele é um agente transformador. O que eu escrevo agora será passado amanhã; e o que escreverei amanhã se tornará passado também. E, assim, vivemos a nossa história, em que esse tal tempo pode dominá-lo, mas apenas até certo ponto.

Ao longo da vida, não vivemos sozinhos; convivemos com nossos semelhantes, que também vivem os próprios tempos, logo um fator de atenção é procurar entender se o que você está vivendo é o seu tempo ou o do outro. Em cada pensamento, em cada gesto, a cada dia, temos de nos atentar ao tempo investido na nossa vida para que ela seja mais aproveitável, mais bem-sucedida. Como falei em relação à autossabotagem, é muito comum sabotarmos o nosso próprio tempo.

Tudo depende da sua percepção de como você pode usufruir esse momento que Deus nos concede, e daí fazer suas escolhas. Escolhas! Você pode se perguntar nesse momento como saber escolher o que é certo ou errado. Realmente não é simples. Mesmo lidando com o comportamento das pessoas nas esferas pessoal e profissional, no universo da educação financeira, em alguns momentos, percebi que somente meus conhecimentos não seriam suficientes para entender sobre esse ponto de vista (do certo e do errado). Então busquei ajuda de um psicólogo por se tratar de questões do comportamento humano e de suas interações com um ambiente físico e social.

Como não poderia ser qualquer profissional, queria a indicação de um psicólogo que pudesse esclarecer minhas dúvidas. Uma amiga conhecedora desse universo me indicou um superpsicólogo. Fiz três consultas, mas somente na terceira tentativa consegui esclarecer a tal dúvida que pairava em minha mente há anos. Apresentei a ele algumas das minhas verdades, relatei meu jeito de ser e de fazer as coisas e perguntei-lhe se aquilo que eu tinha apresentado estava certo ou não.

Para minha total surpresa, ele me disse que a resposta era indiferente. Ainda argumentou que devemos fazer nossas próprias escolhas e ser responsáveis por elas; disse que, se algo fizer bem para mim, me trouxer felicidade, provavelmente eu deveria fazê-lo, sempre observando se a escolha não prejudicará outras pessoas. Minha reação foi instantânea. Agradeci ao doutor psicólogo e, a partir daquele momento, ratifiquei minha missão e minhas escolhas, podendo dar sequência às minhas verdades nas diversas áreas da vida, em especial na educação financeira e no empreender.

Nunca deixe de fazer o que você entende ser o correto, **siga seus instintos**, independentemente do que os outros pensam ou acham, podendo até chamá-lo de sábio ou louco – isso pouco importa. **Seja você, seja o seu EU.** Você é o comandante da sua vida, é o **empreendedor do seu tempo.** Não deixe para amanhã o que pode ser feito agora; caso contrário, correrá o risco de ser tarde demais. **Errar ou acertar é apenas um detalhe!** Sem medo de ser feliz. FAÇA e tenha o TEMPO como seu aliado, pois ele é o agente que promove a oportunidade de você exercer o que é mais sagrado em sua vida, o seu SER.

VELOCIDADE DO TEMPO

Um dos maiores problemas no universo do empreender é o retrabalho, afetando o lado pessoal e o profissional. Assim como mencionei no tópico eficiência x eficácia, ser dinâmico não é, necessariamente, fazer algo rapidamente, mas, sim, ter consciência de fazer o certo para evitar que você volte ao mesmo ponto pela segunda vez.

Vivemos em um estado de mudanças permanentes – crescendo, desenvolvendo e aprimorando –, o que nos leva a conviver com uma certa flexibilidade entre os resultados positivos e os negativos. Certa vez, ouvi que o tempo é como uma escada: não há possibilidade de pisar em dois ou três degraus adiante sem passar pelos anteriores. Com o perdão da redundância, o tempo possui o seu próprio tempo. Ou, em outras palavras, não há como vencer o tempo. No entanto, se você tiver um olhar arguto para entender a natureza, verá que ele pode ser encarado como um aliado, mas, se for tratado com negligência, se tornará um grande inimigo.

O tempo é um elemento fundamental nesse novo conceito de empreender. Trata-se de um ótimo recurso; basta aprender a usá-lo de forma eficaz. Costumo dizer: "Eu não nasci após um mês, nasci depois de nove meses". Isso pode parecer óbvio, mas algumas pessoas teimam em querer atropelar o tempo, querendo que as coisas aconteçam precipitadamente, de forma precoce. Acredite, eu aprendi após ter muita dificuldade para respeitá-lo. Quando jovem, eu era muito ansioso e queria fazer com que tudo tivesse resultados mais rápidos, mas o próprio tempo me ensinou que é preciso esperar e saber que a preparação, a maturação e a espera fazem parte do processo. Ufa! Isso não foi fácil de perceber, e somente com uma boa reflexão e muitos tropeços encontrei o tempo ideal, **o tempo da paciência.**

Assim sendo, você deve ter em mente que um produto novo, por exemplo, pode levar um ano ou mais para ser construído – desde o primeiro protótipo até aquele objeto sair redondo e perfeito. São exemplos disso os três cofrinhos, **Curto, Médio e Longo**, que compõem o kit Diário dos Sonhos, de minha autoria. Só puderam ser comercializados depois de mais de quatro anos, período em que houve a produção, a aprovação do INMETRO e o desenvolvimento do projeto com realidade aumentada.

EMPREENDEDOR E O TEMPO NO MUNDO CORPORATIVO

No mundo corporativo o tempo também vem pregando muitas peças. Observe que em muitas empresas os colaboradores acabam executando funções nas quais não são especializados, justamente porque não encontram trabalho para o que estudaram. Muitos, ao procurarem por um trabalho, optam pelos que oferecem bons salários, benefícios, proximidade da residência, entre outras vantagens, deixando de lado, grande parte das vezes, a vocação.

Mesmo assim, ainda nesses casos, ocorre uma corrida contra o tempo. Os processos seletivos são longos e estão cada vez mais exigentes e concorridos. Outro fator complicador é a extinção de antigas funções, mas novas atividades surgem por conta da evolução tecnológica. O trabalhador, por falta de oportunidades, acaba optando por outra atividade.

Mais uma vez, o tempo predomina. E, ao se dar conta disso, você já começa a achar que será necessário tempo demais para um novo começo. Com o passar dos anos, a remuneração e o padrão de vida aumentam, mas será mesmo que essa opção foi a melhor? Será mesmo que você não deveria ter investido mais tempo para buscar a atividade que realmente gostaria de exercer?

O tempo é capaz de pregar frustrações profissionais que, muitas vezes, são irreparáveis. Por isso é importante fazer escolhas embasadas em nossas vontades e sonhos, e não, simplesmente, pelos recursos financeiros. Porque essa ausência, quase sempre, é a grande destruidora dos propósitos pessoais e, também, dos profissionais.

Mas, afinal, quem é o culpado? O mercado corporativo, a falta de vagas, a mudança das profissões, as escolas, os pais ou os responsáveis? A resposta é esta: nenhum deles pode ser responsabilizado, porque nunca foram preparados para tais desafios.

Quando um pai instrui o filho a trabalhar para ganhar o próprio dinheiro, é muito provável que o modelo mental que esse jovem aprendeu seja o de que o trabalho serve para realizar o sonho de ter dinheiro. E foi assim que ocorreu com grande parte da população. Uma das falhas mais graves de um ser humano é fazer aquilo que não lhe dá prazer, sendo forçado a trabalhar apenas pelo dinheiro. Fique atento a isso, porque sempre é possível começar a fazer uma nova verdade. O que ficou como ensinamento é que não podemos abrir mão de nossos principais objetivos e sonhos pessoais e profissionais.

Esteja sempre alerta e procure pelos ideais. Esse é o caminho a ser seguido, porque o tempo, como aprendemos, é irrecuperável. Para ter melhor noção dele, proponho um exercício para conhecer quanto TEMPO você já viveu.

QUANTOS ANOS VOCÊ TEM? ____________________

AGORA, MULTIPLIQUE ESSES ANOS POR 365 DIAS: ____________________

SABE O QUE ISSO SIGNIFICA? O NÚMERO DE DIAS VIVIDOS!

Ficou assustado? É sensacional, não é mesmo? Imagino que você nunca tenha pensado nos milhares de dias vividos. **Você e eu somos milenares!** Um dia desses, encontrei uma pessoa com mais de 38 mil dias, ou seja, 104 anos. E desse momento em diante comecei a reparar que existe muita gente completando seus primeiros 100 anos. Isso é divino!

E quantos mil dias você quer viver? Você até pode pensar que não sabe a resposta, mas, como já falei no livro, temos de ser otimistas e acreditar que vamos viver muito, com qualidade de vida e totalmente alinhados ao fundamento Saúde. É preciso ter fé; fale em voz alta, declame, escreva, materialize, jogue para o Universo, pois Ele está pronto para ouvi-lo e lhe devolver tudo aquilo que você desejar.

Apesar de vivermos muito, sabemos que o tempo é finito. Pensando nisso, devemos criar uma estratégia para aproveitar ao máximo esse tempo. Eu mesmo procuro aproveitar cada segundo do dia, me dedicando a tudo aquilo que me move, que faz sentido para mim, em que eu verdadeiramente acredito.

Tem muita gente perdida tanto no tempo como no mundo, conforme já expliquei no fundamento anterior, sem saber exatamente o que fazer com ele. Você pode acabar se arrependendo do que fez, mas procure evitar o arrependimento daquilo que ainda não fez. Isso é cruel, porque o tempo não volta. Empreender o tempo, como já disse, não é fazer muito em pouco tempo; na verdade, é fazer melhor, com mais qualidade, no tempo certo. Por causa da falta de planejamento, não sabemos, na maior parte das vezes, o que faremos daqui a um ano, daqui a dez anos, tampouco nos próximos 50 anos. E quando isso não está claro, temos a sensação de vagar como uma borboleta sem rumo – hora para cá, hora para lá, deixando a vida nos levar, como já dizia o sambista Zeca Pagodinho.

Percebe o quanto esse tal tempo é precioso e devemos vivê-lo intensamente? Não existe regra para viver de uma maneira mais intensa, e o que vale de verdade é o sentimento guardado no coração. E não saber por qual caminho percorrer pode fazer com que peguemos qualquer um. No início da minha carreira, como qualquer outro jovem, não sabia exatamente o que esperar da vida profissional. Comecei a trabalhar pelo meu sonho, o da bicicleta. Desde pequeno, sabia que o dinheiro não era o fim, mas o meio. Tampouco fui influenciado pelos meus pais. Seguia sempre em frente, por vezes sem pensar, porém completamente disposto a empreender em tudo que estava à minha volta.

Quando era empreendedor na condição de CLT, fazia muito mais do que estava escrito no contrato de trabalho, buscava surpreender os superiores, ultrapassando as minhas expectativas e as de quem me liderava. O tempo que obtinha, ao praticar minhas atividades, era usado com muita maestria. Garanto que me autoempreendia, superando limites, trabalhando por anos aos fins de semana, em feriados e até madrugadas, com atividades paralelas no segmento contábil. Sem dúvida alguma, esforços existiram, mas superei cada etapa porque acreditava no que fazia e no que queria e também porque aquelas vivências proporcionaram condições, conhecimento e maturidade para abrir meu próprio negócio.

Por muitas vezes, avancei sem ter a total certeza do caminho a seguir. Nunca fiquei parado, e o que sempre tive como alicerce foram meus propósitos e sonhos em primeiro lugar. Portanto, não pare, siga em frente. Este é um dos segredos de viver o tempo: viva-o sempre em movimento.

Acredite! Existe um Ser maior ao seu lado que o guia e está em sintonia com o seu empreender. Às vezes, em momentos de abalo na fé, por conta de uma desilusão, você pensa: "Será mesmo que esse Ser maior está ao meu lado?". Eu tenho certeza de que ELE sempre está. Quando uma porta se fecha ou se ouve um "não", é necessário refletir, respirar e respeitar o tempo das coisas. É muito provável que um dia você entenda o porquê desse "não".

Não se dê ao luxo de desistir. São os "nãos" que nos levam adiante. Isso é muito importante, porque tenho visto muitas pessoas que desistem diante da primeira resposta negativa ou da primeira dificuldade, do seu desconhecido. Quero deixar aqui um registro contundente: **desistir é não acreditar, é você não ter FÉ.** ELA é a base e o maior dos desafios do SER; por isso, acredite NELA e a tenha como grande aliada.

Imagine um rio com uma correnteza muito forte e que você tenha de remar contra a força da água. Não seria fácil. As pessoas, geralmente, não remam, simplesmente deixam a correnteza levá-las e permitem que a vida as leve ao sabor das circunstâncias. E pensam: "Vou fazer o que é mais fácil. Essa empreitada tem muitos obstáculos. Vou ter de suar muito. Terei de fazer muitos sacrifícios". Aí entra o desafio dos grandes empreendedores: é preciso remar contra ou a favor da maré, e o que importa é não parar de remar.

Assim, ao acreditar nisso, você terá um encontro com o "EU" plenamente desenvolvido e preparado para as adversidades.

AS PRIMEIRAS DERROTAS SÃO AQUELAS EM QUE SE PERDE PARA SI MESMO. É QUANDO, FATIGADAS, AS PESSOAS DESISTEM.

Mas desistir é uma palavra que não existe no mundo do empreender. Ou não deveria haver. Você pode fazer uma manobra, uma pausa providencial, provisória, mas jamais desistir. *"A vida é uma incógnita. Não tente adivinhar ou procurar resposta; use seu tempo vivendo-a intensamente."*

E, ao utilizar essa forma de aproveitar ao máximo o tempo, estará mais preparado para empreender em todas as áreas da vida, em especial a SAÚDE, transformando--as, a partir desse momento, em suas novas verdades.

É IMPORTANTE QUE A SAÚDE DA MENTE E DO CORPO ESTEJAM SINCRONIZADAS.

UM SER SEM
PROBLEMA E
SEM SONHO
CERTAMENTE
JÁ MORREU!

SAÚDE

A saúde no universo do empreender refere-se à atenção dada a duas frentes, a pessoal e a profissional. No caso da pessoal, fica muito clara a necessidade de ser saudável, pois está diretamente relacionada à vida e tem como foco principal a família. Deve-se ficar atento, porém, a algumas questões: se, por exemplo, a pessoa for a provedora da família, o ideal é que tenha um seguro de vida e/ou invalidez, uma garantia, caso haja qualquer ruptura nas atividades cotidianas, interferindo diretamente no dia a dia familiar. Caso a pessoa não seja a provedora, se a saúde dela estiver comprometida ou mesmo quando ela não estiver mais presente, a continuidade das atividades familiares tende a não se desestabilizar, exceto pela sua ausência.

Já no âmbito profissional, a situação tende a ser um pouco mais complexa. Imagine uma organização em que o acionista tenha relação direta com as atividades desenvolvidas no negócio, como é o caso de um profissional liberal ou autônomo, um dentista ou um médico. Se as atividades forem executadas diretamente por esse empreendedor, sua ausência será vital para a continuidade. Se esse mesmo profissional, em suas atividades, não exercer o papel de executor, e sim de um empreendedor, a situação será diferente, já que, em sua falta, o negócio poderá continuar. Perceba que cada caso é um caso. Não existem empreendedores iguais, por isso analise os riscos de continuidade, independentemente de qual seja a atividade executada. Ambos os casos requerem atenção redobrada.

Ao falar de saúde pessoal, lembre-se de que qualquer direção apontará para a vida. Já no profissional, a saúde é a sustentabilidade do negócio. Você pode ter dinheiro, fama, sucesso, lucro, sonho – enfim, qualquer que seja o prêmio ou a vitória –, mas nada mesmo será maior do que estar com a sua saúde em dia. Não estou somente me referindo ao check-up anual, que julgo de suma importância, mas também à física, à mental e à espiritual devidamente equilibradas.

Como anda a sua saúde? Afinal, como você se sente de verdade? Disposto? Com vontade de acordar, abrir os olhos e agradecer por mais um dia? Lembre-se: você já viveu muitos anos e tenho certeza de que houve momentos felizes e outros nem tão bons.

Eu, você, nós empreendedores nos concentramos muitas vezes nos negócios e cuidamos de todos que nos cercam, mas acabamos nos descuidando da nossa saúde e esquecendo que somos humanos – logo, falíveis. É importante que a saúde da mente e do corpo esteja sincronizada e conectada ao que de fato estamos fazendo para evitar erros, porque é impossível acertar sempre e de forma contínua.

Além de ficar atento à saúde física, praticando esportes e se alimentando de forma saúdavel, é importante cuidar da saúde mental. A falta da saúde mental já foi constatada como a doença do século. Olhe para amigos e parentes e veja quantas pessoas estão com problemas de cunho psicológico e têm dificuldade de sair desse labirinto.

Um ponto de atenção que venho percebendo, no que se refere às saúdes física e mental, é sobre a autoestima. Refiro-me a ambas, já que muitas pessoas não gostam do próprio corpo, do lugar onde moram ou das roupas que vestem, tampouco valorizam o nosso SER como pessoa – tem lhes faltado confiança nas atitudes, nas verdades e nos valores. Isso implica baixa autoestima, que significa você não estar de bem consigo mesmo. Uma pessoa nesse estado já está doente porque não consegue valorizar o próprio SER de forma contínua. Difícil elaborar uma escala de pontos negativos, mas, a meu ver, trata-se de um dos maiores pecados que uma pessoa pode cometer contra si mesma: não valorizar o corpo e a mente.

Outro grande problema, ainda mais grave, ocorre quando o processo de baixa autoestima alcança níveis elevados a ponto de chegar a um estado de depressão, que, se não percebida e tratada de forma adequada, pode levar à morte. As pessoas depressivas, quase sempre, não sabem lidar com isso. Não por culpa delas, obviamente. Seria leviano da minha parte afirmar tal coisa, pois a depressão é um problema muito grave de saúde e requer ajuda médica.

Como empreendedor, prezo a mente saudável. Para tê-la, sugiro acreditar, porque só depende da gente mesmo. Este é o meu segredo: palavras e atitudes positivas. Olhar à frente, não ter medo de errar, não ter medo do "não". E, acima de tudo, catalisar o que for um problema para o bem, para um resultado positivo. Isso me traz autoestima.

Eu, por exemplo, vivo esse sentimento continuamente, porque procuro sempre levar coisas boas para as pessoas e, principalmente, para mim mesmo. Mas não pense que eu sou o "cara", como diz o cantor Roberto Carlos em "Esse cara sou eu". Todo mundo tem algum tipo de conflito que não consegue resolver de imediato. Aliás, acredito que uma vida sem algumas pedras pelo caminho, com certeza, seria bem monótona. **Um ser sem problema e sem sonho certamente já morreu!**

Em meus atendimentos como terapeuta financeiro, tenho recebido empreendedores, empregados ou empregadores, e, ao fazê-los praticar sua linha do tempo desde o nascimento, fica evidente que os grandes problemas existentes ao longo da vida desse SER foram gerados pelo emocional, e o dinheiro foi um dos pivôs principais dessas ocorrências e protagonista nas vitórias alcançadas e nas não obtidas. Com essas experiências vividas, percebi também que o ser humano tem grandes dificuldades de sonhar e de manter o sonho de forma clara e viva em suas vidas.

Na infância, éramos uma máquina de sonhar, mas, com o passar dos anos, vieram os problemas e as rupturas; com isso, fomos deixando os sonhos adormecidos. Busque na sua memória um momento de profunda alegria. Nesse contexto, a memória é uma ferramenta primordial na evolução do ser humano, mesmo sabendo que ela é pouco utilizada em sua totalidade, porém ressalto apenas evitar olhar muito "pelos retrovisores" e querer dirigir para a frente olhando para trás, ou seja, se apegar demais ao passado. Sendo assim, procure ter como foco o presente e busque as estratégias para o seu futuro. O grande risco que corremos é querer viver de glórias ou de conquistas do passado, e um fator predominante que contribui para que isso não aconteça são os sonhos, agentes motivadores da vida.

Eu mesmo não tenho um buffer. Até o tenho, mas não vivo em função disso, fato que me deixa mais leve e me possibilita voar mais alto, criando e desenvolvendo novos conceitos e inovando a cada dia o meu SER. Eu não carrego na mente o passado de forma detalhada, mas isso não quer dizer que não goste de me recordar dele. Afinal, essa experiência me trouxe grandes ensinamentos; meus pais, por exemplo, me ensinaram a empreender, mesmo eu não sabendo que se tratava de um aprendizado.

Ter lembranças do passado é algo importante, mas, se apoiarmos nossas decisões nelas, pode ser muito perigoso. Isso pode ocorrer quando uma pessoa quer repetir as mesmas estratégias e experiências vividas sem observar a nova realidade. Eu mesmo fiz isso quando criei a governança da DSOP. Lembra-se do que comentei lá atrás quando abordei as características de um empreendedor? O grande ensinamento é que o novo pode ser inimigo do velho, ou seja, quando estamos inovando, criando e vivendo situações diferentes, com pessoas, processos e momentos também diferentes, é óbvio que os resultados podem ser outros.

Ao falar da saúde, também me refiro à memória do empreendedor, que deve observar, reparar e buscar oportunidades em tudo que a mente e, em especial, a percepção trazem. Por isso, é de extrema importância **colocar seus pensamentos no futuro e agir no presente.**

Pensar macro, agir micro. Deixe a memória livre. Enquanto você guardar tudo nela, faltará espaço para inovar e criar. **Eu vivo desta forma: 10% no passado, 60% no presente, 30% no futuro.**

E você, quantas vezes você se utilizou do passado para projetar o futuro? Reflexos do passado podem interferir no presente, mas não necessariamente deveriam influenciar o futuro. Uma pessoa só é capaz de avançar olhando para a frente. É claro que a memória é uma fonte riquíssima que deve ser consultada sempre. Você tem toda a sua experiência ligada à memória. Quando olho para trás, vejo como empreendi de forma social e política, mesmo sendo apolítico. Aprendi buscando aquilo que me dava sustentabilidade e melhores condições de extrair mais segurança daquilo que estava fazendo. Tenho uma memória, uma história na qual **construí minha vida pessoal e profissional, sustentada nos pilares do estudo, da educação, do empreender e dos desenvolvimentos empresarial, político e social.**

É preciso saber utilizar a memória e, para tanto, é necessário olhar para a frente, o que significa criar novas expectativas e pensamentos. Algumas vezes, caso não tenha a segurança nas tomadas de decisões, vale a pena até mesmo buscar ajuda externa. Isso se aplica a qualquer situação que estamos empreendendo. Procure memorizar o futuro, e não o passado. **O NÃO da vida é o remédio da memória renovada. O melhor amigo do homem é o desconhecido.**

Outro agente fundamental para a saúde mental que contribui para a oxigenação da memória é a prática de atividades físicas. Manter a saúde física é uma necessidade contínua e, por mais que você não seja um esportista, é perfeitamente possível encontrar na sua agenda um horário para fazer alguma atividade, como hidroginástica, esteira e caminhada. Após o término de uma simples caminhada, por exemplo, o bem-estar gerado é enorme.

A partir do momento em que você começa a se exercitar, passa a ter hábitos mais saudáveis. O sangue flui melhor, o cérebro fica mais leve e as ideias brotam com mais espontaneidade – tudo parece imbuído de uma visão mais otimista da vida. Isso faz com que você estude e trabalhe melhor e que desempenhe melhor suas atividades sociais e profissionais.

Ao longo da vida, sempre gostei muito de esportes. Foi a prática semanal que me proporcionou a oxigenação física e mental tão importante para o meu êxito nos desafios que me propus. Por isso, existe a importância de cultivar hábitos saudáveis em relação ao corpo e à mente. A famosa frase latina "Mens sana in corpore sano" (Mente sã num corpo são) nada mais expressa do que a necessidade dessas práticas de que estou falando. Quanto mais saudável e forte você estiver física e mentalmente, mais bem preparado estará para a vida em todos os sentidos. Ressalto apenas que tudo isso deve ser feito de maneira equilibrada, sem exageros, sempre acompanhado, em caso de atividades muito intensas, de profissionais habilitados.

Não poderia deixar de registrar neste livro a saúde espiritual; acredito fielmente que essa seja a grande razão do viver. Quando buscamos o equilíbrio espiritual, nos encontramos com o nosso Deus. Independentemente de qual for a religião, busque, dentro de seu cotidiano, tempo para agradecer, para orar, rezar ou meditar. Esse exercício pode parecer despretensioso, mas isso, nos meus mais diversos empreendimentos, trouxe para mim esse Deus maravilhoso, que me faz a cada dia mais vitorioso. Tenho uma frase que uso em meu cotidiano, em especial quando estou ministrando palestras, cursos e terapias financeiras ou apenas dialogando com as pessoas: "O que você veio fazer aqui na Terra?". **Geralmente nós nos esquecemos de nossa essência como ser humano e, por exemplo, nos pegamos reclamando de tão pouco, enquanto há pessoas que sorriem, mesmo não tendo quase nada.**

Dessa forma, empreender a sua saúde se revela de suma importância para obter a vitória naquilo que você for fazer. Sempre digo que um bom empreendedor é aquele que valoriza a vida. E, para tanto, antes mesmo de pensar em dinheiro ou em qualquer outro bem material ou imaterial, é preciso cuidar de verdade das saúdes física, mental e espiritual.

Quanto à saúde, depois de tudo o que você viu até agora, proponho uma profunda reflexão, colocando o foco no principal objetivo: **A VIDA.** Agora ponha o seu corpo e sua mente para funcionar e responda às próximas perguntas de forma sincera. Faça as devidas reparações que possam agregar valor ao seu novo empreender.

Como está a minha saúde física?

Como está a minha saúde mental?

Como está a minha saúde espiritual?

Após fazer essas reflexões, considero que esteja pronto para colocar sua saúde em primeiro lugar e proponho, a partir de agora, investir no conhecimento. Para isso, é preciso buscar no fundamento da educação.

EU APRENDO,
PRATICO E REPASSO,
CONSTRUINDO UMA
CULTURA COM ESSE
APRENDIZADO.

NA EDUCAÇÃO
DA VIDA,
APRENDEMOS
MESMO SEM
QUERER.

EDUCAÇÃO

Educação vem do berço, é o que diz o ditado. É imprescindível empreender a educação, ou seja, estar em busca de informação de forma contínua, passando pelo conhecimento e buscando uma cultura saudável e sustentável nas diversas áreas da vida.

A educação é necessária nos âmbitos pessoal e profissional. No universo empreendedor, em comunhão com a visão 360 graus, permite olhar mais do que os olhos estejam vendo. Ao buscar esse olhar, conseguimos enxergar mais e, com isso, tomar as atitudes mais convenientes no desenvolvimento de nossas vidas.

Digo isso porque entendo que a educação empreendedora é funcional. O processo é semelhante ao da alfabetização, em que, em determinado momento, a pessoa sabe ler, mas não consegue interpretar. É nesse sentido que quero enfatizar a importância da educação de forma estruturada e fundamentada no universo do empreender.

Quando crianças, somos educados por nossos pais e responsáveis, mas não só por eles: tudo o que vemos, ouvimos, sentimos e tocamos são uma turbulência de informações que nos moldam, criam hábitos e se transformam em verdades, ou seja, estamos formando nosso conhecimento como ser humano, gerando cultura.

Na educação da vida, aprendemos mesmo, sem querer, com os exemplos, os problemas, as surpresas e o inesperado, inclusive nas alegrias e nas tristezas. Enfim, estamos aprendendo a todo momento, aliás, **neste exato momento você está se informando e melhorando sua percepção empreendedora**, em especial do comportamento de como esse fundamento pode gerar melhores resultados em seus negócios, sejam eles familiares ou profissionais.

E onde fui buscar o conhecimento para passá-lo adiante? Simples, em minha vivência empreendedora. A educação é, sem dúvida, depois da saúde, o que de mais importante posso ressaltar. Quando falo em público, em palestras, seminários, entrevistas ou em vídeos, estou passando informações. O conhecimento ainda não foi adquirido, de forma plena, pois é preciso, por parte de quem viu ou ouviu, passar a praticar o que aprendeu.

Percebe-se que, até aquele momento, a pessoa iniciou um processo educacional, mas não significa que o ciclo foi concluído. Então, o que é, de fato, educação? No meu ponto de vista, a educação vai muito além do conhecimento e da informação: é uma somatória de etapas da vida, quase uma sabedoria dela. Imagine uma pessoa que foi para a escola, aprendeu a ler e escrever, terminou o ensino básico, passou pela faculdade, trabalhou, casou, teve filhos e netos; eu lhe pergunto: você acredita que ela está educada?

Depende. Sobre aquela pessoa que, com todo o conhecimento adquirido ao longo da vida, conseguiu colocar grande parte em prática e ainda multiplicou tais conhecimentos, eu diria que o ciclo estaria completo. **Eu aprendo, pratico e repasso, construindo uma cultura com esse aprendizado**. Existem casos de pessoas que, mesmo com todo o conhecimento adquirido, não conseguiram colocá-lo em prática, interrompendo o ciclo da educação, já que ótimos ouvintes nem sempre têm o dom do ensinamento.

Para concluir meu raciocínio de forma simples, usarei mais um exemplo do nosso dia a dia. Digamos que uma pessoa, ao completar 18 anos, resolva tirar a habilitação de motorista, com as aulas teóricas e práticas, e obtenha a permissão para dirigir. Ainda assim, após toda essa informação, empreendendo tempo e dinheiro, ela nunca dirigiu. Nesse caso, essa pessoa está educada no que se refere à sua habilitação, porém não exerceu a prática desse conhecimento.

Fazendo uma análise crítica de como adquiri meu conhecimento, percebi que sempre busquei colocar em prática o instinto empreendedor da educação. Com isso, adquiri autoconhecimento de forma empírica sobre educação financeira, até porque não existiam estudos que pudessem me apoiar para um aprendizado educacional estruturado com esse olhar diferenciado. O surgimento e a materialização da **Metodologia DSOP** são fruto dessa prática vivencial, que se consolidou em um método educacional.

Eu me considero um autodidata da educação, com especialidade na educação financeira, inclusive em minha defesa de doutorado fui chamado pela banca de livre-docente, que significa o estágio mais alto dentro de uma carreira universitária. O título é oferecido pela competência do pesquisador na sua área e pela capacidade de pesquisar por conta própria um determinado assunto, sem a necessidade de orientação.

Isso me remete a um momento muito especial de minha vida, quando estava nos Estados Unidos, na colação de grau, recebendo o título de doutor em educação financeira. Na ocasião, recebi uma mensagem de áudio do meu filho Fabrizzio, a qual foi meu maior presente naquele dia, com o seguinte conteúdo:

"PAPITO, VI A CERIMÔNIA; VOCÊ SENDO CHAMADO, CUMPRIMENTANDO TODO MUNDO, COMO SEMPRE. PARABÉNS, PAPITO, TUDO DE BOM, MUITO AMOR E MUITA PAZ. VOCÊ CONSEGUE TUDO O QUE QUER. LEMBRE-SE: ESTAMOS AQUI POR VOCÊ, SEMPRE O APOIANDO. AMAMOS VOCÊ MUITO E SEMPRE AMAREMOS. VOCÊ É O NOSSO ÍDOLO, VOCÊ SABE MUITO BEM. PARABÉNS, VOCÊ MERECE ISSO E MUITO MAIS. E, COMO VOCÊ ME DISSE, **VOCÊ PODE ATÉ TER O DOUTORADO, O MESTRADO OU ATÉ O BACHARELADO, MAS O IMPORTANTE É QUE VOCÊ FAZ O DOUTORADO, NÃO É SÓ ELE QUE FAZ VOCÊ.** AMO-O MUITO PARA SEMPRE, E VOCÊ SABE DISSO."

Mais do que estudar, eu tive vivências, o que resultou na independência financeira. Posso dizer que tudo foi importante para aquilo que realizei, até mesmo os equívocos e, principalmente, os "nãos" que recebi. Gosto muito de observar, fazer o que as pessoas ainda não fizeram, buscar ver o óbvio por um novo prisma. Além disso, não tenho medo de arriscar, e isso é, sem dúvida, o que mais me motiva. Não de forma desordenada, procuro seguir meu instinto, **ouso em minhas verdades** e não tenho medo de errar. Quando erro, sei que aquele jeito praticado me mostrou que não deverei mais fazê-lo.

Outro ponto de atenção dentro da educação é que para educar é preciso ter método, além de confiar em seus conhecimentos, vivenciá-los ou aplicá-los na própria vida ou na de terceiros. **Quando educamos, estamos assegurando a formação e os desenvolvimentos físico, intelectual e moral do ser humano e não simplesmente oferecendo dicas** – aliás, eu não compartilho dessa palavra, porque nem mesmo o dicionário traz clareza em seu significado.

Eu não dou dicas: eu educo. Devemos ficar muito atentos também aos ensinamentos que aprendemos quando ensinamos. Como finalizo em meu livro Mesada não é só Dinheiro: **"Mais aprende quem tem o dom de ensinar".**

Mesmo com os esforços dos professores em nos ensinar, nem sempre aprendemos da forma tradicional. Eu mesmo, enquanto aluno, buscava sempre algo que pudesse chamar minha atenção e, com isso, me distraía mais facilmente, mas nem por isso deixava de aprender. Não era um aluno do tipo exemplar, mas eu sempre ia bem nas provas, porque aprendia de uma maneira diferente da tradicional. Temos muito a evoluir na relação entre o aluno e a escola, especialmente quando o docente não percebe que cada estudante é único e especial.

Imagine um cenário com um aluno desatento, notas ruins e que conversa enquanto o professor discursa – enfim, aquele aluno problemático na visão daquele educador. Mas será mesmo um problema? Ou ele não consegue se concentrar por inúmeros motivos, como achar as matérias superchatas, não conseguir seguir regras ou querer aprender de outra maneira?

Para muitos, ele pode não alcançar a vitória em sua trajetória. Provavelmente, esse estudante não se enquadrou no sistema tradicional de aprendizado, mas nem por isso não obterá êxito na vida. Quando as pessoas dizem "amém" ao que falamos ou apresentamos, podemos pensar: "Estou bem na fita". Mas isso nem sempre pode ser um bom sinal. **Lembre-se: a unanimidade pode ser burra.**

É preciso fazer uma reflexão e perguntar-se: será que estou realmente certo? Será que todo mundo também está errando?

É comum, durante as formações de profissionais da educação financeira que ministro, me deparar com alunos com opiniões fortes, que apresentam outros pontos de vista e conhecimentos. Eu confesso que, às vezes, fico apreensivo, mas a sensação logo passa, porque percebo que, após inúmeras vezes vivenciando essa situação, foram esses alunos que contribuíram para meu crescimento e meu desenvolvimento profissional. Por isso, esteja aberto para encontrar os diferentes pelo caminho. Isso também é educação.

Predominantemente, a educação do século XX estava embasada nos ensinamentos presenciais; já a do século XXI tem passado por grandes transformações, inclusive a possibilidade de aprender sem a obrigatoriedade da presença física. A esfera educacional passa por um momento muito interessante. As barreiras geográficas foram quebradas graças à tecnologia, possibilitando que um aluno do Japão possa cursar uma disciplina ministrada por um professor francês em uma sala de aula nos Estados Unidos.

Eu mesmo cursei meu mestrado, doutorado e pós-doutorado nos Estados Unidos de forma mista: uma parte presencialmente e o restante em EAD. Isso também acontece no mundo dos negócios. A própria DSOP, da qual eu sou o presidente, há muitos anos está engajada no ensino a distância e conta com alunos de todos os continentes em seus cursos de pós-graduação, mestrado, doutorado e formação de profissionais de educação financeira.

Você, ao empreender, como está lidando com a educação virtual? Você se sente totalmente inserido nesse universo? Caso sinta algum tipo de desconforto, procure imediatamente se educar por meio da tecnologia. Utilize-a e tenha essa importante ferramenta em seu empreendimento.

Para você ter uma ideia, como já explanei anteriormente, estou empreendendo uma nova DSOP, composta em quase sua totalidade pela tecnologia. Trata-se de uma teia global com conexões, o modelo RD, uma plataforma em que todos os profissionais de educação financeira trabalharão em seus smartphones em tempo real. Empreender pela internet tem sido hoje algo vital para as organizações e para sua sobrevivência, independentemente dos produtos ou serviços comercializados. É fundamental que a internet esteja incorporada ao planejamento e, acima de tudo, que você consiga explorar os diferenciais da educação a distância e da exploração em rede para melhorar a sua qualidade de vida.

Você poderia empreender sem sair do sofá de casa, gravando um vídeo e fazendo-o "bombar" na rede. É claro que é bem pequena a quantidade de pessoas que conseguem atingir esse status a ponto de receberem para publicar seus vídeos ou textos na internet. Ainda que a chance seja remota, os exemplos de sucesso estão aí para serem vistos. Por causa desse meio tão livre e amplo que é a internet, existe uma quantidade significativa de conteúdos completamente inúteis para os seus propósitos. Mas também, em uma boa pesquisa, você encontrará informações preciosas, oriundas de fontes confiáveis, que podem auxiliar no cotidiano. Faça uma reflexão sobre como está a sua educação virtual.

A educação é mais do que simplesmente ter informações de fácil acesso. Mas você deve fazer com que elas se transformem em conhecimento e, a partir daí, usá-las e multiplicá-las, gerando uma cultura saudável e sustentável. Independentemente da plataforma física ou virtual, a educação contribui de forma significativa para a cultura de uma sociedade. Com a educação consolidada, as relações humanas ganham passagens importantes em uma sociedade globalizada.

MEUS "CONTERRÂNEOS CAIPIRAS" SEMPRE DIZIAM QUE UMA BOA PROSA PODE VALER MUITO MAIS DO QUE DINHEIRO.

AS RELAÇÕES HUMANAS ESTÃO EM TUDO O QUE FAZEMOS. EM QUALQUER FASE DA VIDA.

RELAÇÕES HUMANAS

O ato de se relacionar dentro do universo do empreender se torna cada dia mais presente e imprescindível para o sucesso e para as vitórias pessoais e profissionais. No meu empreender, procurei aproveitar todos os momentos de convívio com as pessoas, independentemente de conhecê-las ou não. Vejo que nem todos conseguem olhar nos olhos, conversar, sorrir, abraçar, ser simpático, ganhar a empatia, deixar marcas por onde passa, se fazer lembrado. Está aí uma das grandes virtudes que um empreendedor deve ter ou pode conquistar.

Eu fui uma criança muito tímida. Quem me conhece talvez nem possa imaginar os grandes problemas de comunicação na infância. Eu até conversava, mas até os 12 anos, antes de empreender como auxiliar de camelô, não tinha o hábito de me conectar com desconhecidos. Aprendi muito com o senhor Geraldo, um exemplo de empreeendedor, dono da banca de camelô. Baiano simpático, alfabetizado somente nos anos iniciais do primário, trazia em seu EU uma vitalidade de causar inveja a algumas pessoas. Sempre disposto a ajudar, ele adorava distribuir doses de alegria e simpatia aos que passavam por sua vida. **Ele foi um dos meus mentores no que diz respeito ao relacionamento humano.** E foi assim que minha vida empreendedora decolou se comparada ao cotidiano antes da chegada dele.

Como você está se relacionando em seu cotidiano, no trabalho, com os amigos ou mesmo em casa? Na maioria das vezes, nos vemos sozinhos, fechados. Com isso, perdemos a chance de conhecer pessoas, até mesmo as que fazem parte da família. Hoje em dia sou muito diferente do que fui no passado. Procurei me relacionar com o maior número possível de pessoas, em especial com aquelas com mais experiência e mais idade do que eu, e com as crianças. Aliás, converse muito com estas e perceba a riqueza presente na ingenuidade delas. Aproveite para conversar também com outros tipos de pessoas, diferentes daqueles do seu círculo social, e escute verdadeiramente as vivências e as experiências delas. Meus "conterrâneos caipiras" sempre diziam que uma boa prosa pode valer muito mais do que dinheiro.

Acredito que fui um bom aluno. Posso garantir que o desprendimento e o colaboracionismo foram e são características de minhas relações humanas. Algumas pessoas não tiveram tanta sorte como eu e se envolveram em Relações Humanas baseadas no interesse. Trata-se de um caminho fadado ao fracasso. Além de não ser uma estratégia aconselhável, é provável que logo seja descoberta, porque está atrelada a algo às vezes tangível e outras vezes não. Não que isso possa não ser um caminho também, mas efetivamente não é o que eu recomendo para o empreendedor vitorioso que quer ganhar o respeito e a admiração dos que convivem com ele.

Saber se relacionar com as pessoas é algo quase divino. Você já experimentou conversar consigo mesmo? Não é nada fácil. Se você não consegue se entender, como poderia entender o outro e saber o que pode ou não ser benéfico para outra pessoa? Por isso, faça uma reflexão profunda sobre o seu Eu em relação ao seu próprio SER. Pense e pratique isso e meça o grau de habilidade quanto a esse quesito.

As relações humanas estão em tudo o que fazemos. Em qualquer fase da vida. São um verdadeiro MBA do relacionamento. Quanto mais cedo aprendemos a nos relacionar, mais conquistas teremos pela frente. E como aprender algo que, muitas vezes, não trouxemos em nosso DNA, tampouco em nossos aprendizados? Simples. Comece consigo mesmo, depois com os amigos e parentes mais próximos, e provoque situações em que o relacionamento deverá ser objeto de prática. Não se esqueça das palavras positivas. Ninguém gosta de se relacionar com pessoas negativas. As pessoas positivas procuram por outras pessoas que praticam atitudes positivas, falam coisas boas mesmo nas horas mais difíceis, estão prontas para buscar um entendimento e propensas a doar e a compartilhar tempo e atenção. Nem sempre essas ações envolvem dinheiro; é puro relacionamento saudável.

Outro fator predominante é o semblante da alegria que estampa o seu rosto. Pessoas gostam disso e procuram por outras que estão prontas para ajudar. O corpo fala e, se ele fala, procure você também investir nesse sentido, usando uma forma mais expressiva para se comunicar.

Faça uma pesquisa entre as pessoas que conhece e pergunte o que elas acham de você e de sua forma de se relacionar, quais aspectos são positivos e quais poderiam melhorar. Peça que sejam sinceras. É muito difícil fazer isso. Geralmente, não nos expomos para os outros, mas reforço: valerá a pena, pois, dessa forma, você verá seu verdadeiro Eu em seu habitat.

O mundo social é fundamental para quem quer aprimorar suas relações. Eu sempre busco a conexão das entidades, das empresas e das pessoas. Elas se concretizam quando ocorre um envolvimento em diversos lugares e situações, como uma festa de aniversário, um lançamento de um livro ou de um produto e até mesmo dentro de um elevador. É preciso que você esteja aberto para a sua rede de relacionamentos. Um Rotary Club, por exemplo, é uma associação de profissionais empreendedores.

Existem ainda outras como o Lyons, a Maçonaria, as associações comerciais e industriais e o BNI (Business Network International). Sem se esquecer das igrejas, nas quais o relacionamento é ainda mais presente.

Faça um networking saudável, que é feito por meio de uma relação que agregue valor e que valha a pena ser vivida. Muitas relações são estéreis e, dificilmente, o levarão a lugar algum; podem fazer com que você perca seu precioso tempo. É claro que em alguns momentos jogar conversa fora faz parte da vida e o importante é não exagerar. Encontre o equilíbrio, porque relacionamentos saudáveis não são construídos da noite para o dia. Às vezes, essa construção leva poucos segundos ou até uma vida inteira. E acredite: tudo pode ser moldado a partir de uma base sólida de confiança. E atenção: assim como pode ser construída, do mesmo modo poderá ser destruída da noite para o dia.

Nas relações presenciais, é de suma importância aprender a olhar nos olhos. Ao cumprimentar, aperte de forma firme a mão da outra pessoa para passar uma boa impressão. O contrário, um aperto não tão firme, é imperdoável, porque pode demonstrar desprezo ou falta de personalidade. **A energia é tudo.** A fala e o gesto devem ser colocados à mostra, mas de forma bastante educada, gentil e alegre. Repare nas pessoas que vivem com alto-astral: elas são as que mais se destacam, as que são mais lembradas e as que têm mais oportunidades, porque elas estão vivas e prontas para a vitória.

Outra observação é buscar também seu perfil e o da outra pessoa. Você pode ser extrovertido, introvertido, dominante ou não dominante, paciente ou não, analítico ou não. Existem alguns testes que você pode fazer para uma melhor identificação e percepção desses perfis. Essa percepção na comunicação é vital para um relacionamento bilateral.

Proponho um experimento. Olhe nos olhos de dez pessoas diferentes enquanto conversam na próxima hora e veja quanto de atenção elas lhe darão de volta. Talvez ainda não tenha percebido, mas está praticando (e recebendo) confiança. Essa percepção fará com que você empreenda com mais segurança e venda aquilo que tem usando todos os sentidos, fazendo o corpo falar por você. **As pessoas compram aquilo em que acreditam.** O excelente vendedor não vende um produto, mas sim uma ideia. Ele faz com que as pessoas queiram comprar dele porque passou confiança e credibilidade enquanto conversavam. **Ele é a ponte entre o cliente e o produto ou o serviço.**

Aí está o segredo: a relação presencial traz o contato, aquilo que o ser humano mais aprecia e lhe é mais necessário: carinho, afeto e amor. Refiro-me ao amor ao SER, a Deus, desejando o melhor para aquela pessoa. Esteja presente, mas, acima de tudo, seja presente na vida da outra pessoa.

A tecnologia vem ganhando importante espaço nas nossas relações, principalmente nos últimos 20 anos. No passado, as relações eram mais afetivas e usava-se o corpo, o olhar e a delicadeza. O contato físico da comunicação presencial vem se deteriorando à medida que a tecnologia ocupa mais espaço, o que gera uma maior informalidade nas relações humanas. Até mesmo dentro de casa há famílias que conversam mais por mensagens eletrônicas do que pessoalmente. Isso também está acontecendo no mundo corporativo e no universo das amizades. Fique atento a esse tipo de relação. Não dá para ir contra a modernidade nem a combater; aliás, a tecnologia, se bem utilizada, nos traz coisas boas. Você, por exemplo, pode resolver dar uma pausa na leitura deste livro e conversar com uma pessoa do outro lado do mundo – veja o poder da comunicação virtual. Dificilmente teremos relações presenciais como tínhamos no passado. Só nos resta encontrar um meio benéfico e praticá-lo sempre que possível. Eu acredito que até nas relações virtuais é possível transmitir emoções e energias.

Talvez ainda estejamos bem longe de uma resposta segura, mas de uma coisa eu tenho certeza: dia após dia, tenho buscado alternativas que me levam à pessoalidade, mesmo que isso seja por meio da tecnologia. Como é o caso das minhas aulas na pós-graduação, no mestrado ou em meus cursos de formação. Não são presenciais, porém coloco nelas muita energia e emoção, gerando a atenção que me faz ser ouvido e compreendido, e a distância se torna apenas um detalhe.

A todo momento, precisaremos nos reinventar nos diversos setores da vida. Em especial, no de relacionamentos, não perdendo a essência. Se não for possível apertar a mão de uma pessoa, dar-lhe um abraço e até mesmo um beijo, pode-se abraçá-la de forma virtual.

Em uma relação virtual estruturada, com limites e regras bem definidos, a consequência é uma comunicação bem-sucedida. O mundo está cada dia mais virtual. Você precisa das redes sociais e das ferramentas digitais, mas também é possível obter vitória sem fazer parte delas; é uma questão de escolha, como prova a história do meu próprio caseiro, contada antes no livro. Agora, de nada adiantam essas relações se elas não forem agregadoras. E quanto a você, como está o seu relacionamento virtual?

Existem alguns que desagregam e são extremamente prejudiciais, como o excesso de exposição nas redes. São bem conhecidos casos em que pessoas – em grande parte jovens – arruinaram carreiras e comprometeram a imagem ao expressar visões de mundo não desejáveis pela sociedade ou pelo mundo corporativo. Preconceitos, apologia à violência e intolerâncias de todas as ordens são exemplos de comportamento que são malvistos e podem resultar em prejuízos que levam tempo para serem reparados. Não por acaso, profissionais de RH têm cada vez mais revelado que utilizam as redes sociais para complementarem as análises de perfis dos candidatos. Há ainda casos de profissionais que foram demitidos por postarem conteúdos que vão contra os valores da empresa ou da sociedade em geral. E até mesmo aqueles que nem conseguiram ser admitidos por má conduta social. Isso porque as empresas prezam seus valores.

Não há como negar que a internet possibilitou que as coisas ficassem muito mais acessíveis, inclusive nos relacionamentos pessoais e profissionais. Basta pensar quantas mensagens eletrônicas você já trocou hoje. Só para sua curiosidade, como a velocidade do tempo muda os hábitos, surgem diariamente novas ferramentas e aplicativos. Quando comecei a escrever esta obra, usava muito mais o e-mail, mas, hoje em dia, outras maneiras já substituíram a boa e velha correspondência digital. As relações virtuais, aparentemente, parecem tão instantâneas e próximas, porém, para muitas pessoas, estão impregnadas de frieza.

Os benefícios da tecnologia estão à disposição dos usuários. Basta saber usá-los, buscando extrair o melhor deles. Às vezes, um vídeo pode explicar determinado assunto de uma maneira mais significativa do que um artigo ou uma resenha. Em outros casos, um texto em um blog pode ser mais fácil de ser assimilado do que um artigo científico. E, para outras pessoas, o melhor é buscar informações em diversos outros lugares, bastando que o usuário descubra quais são os instrumentos mais adequados para cada situação e quais mais se encaixam no seu perfil.

Explore a rede empreendendo todas as condições de aproximação e de possibilidades que ela proporciona. Na internet, é preciso ter consciência de que as pessoas estão de olho em cada palavra, cada vírgula, cada imagem que você posta; isso vale tanto para as questões pessoais como para as profissionais.

Esse tom de frieza que algumas pessoas enxergam na internet pode ser modificado, desde que os usuários saibam administrar suas condutas. Se você escrever alguma coisa não muito bacana do ponto de vista ético ou das boas práticas sociais, poderá perder uma rede inteira de relacionamento, o que será muito prejudicial. Portanto, explore com bastante atenção essa área de atuação e utilize-a de maneira correta.

Outro ponto de atenção que gostaria de ressaltar são as notificações dos diversos aplicativos de comunicação, que têm sido muito prejudiciais à produtividade, à concentração e à atenção e têm levado até mesmo à falta de educação. Faz algum tempo que desabilitei todas as notificações, e meu tempo passou a ser muito mais benéfico. Não podemos nos esquecer das pessoas que, erroneamente, tentam usar os smartphones enquanto dirigem. O número de acidentes provocados por isso já é bastante alarmante e noticiado com frequência na mídia.

As relações humanas profissionais também têm evoluído muito nesse setor da tecnologia. Hoje em dia, uma reunião pode ser feita com a presença de pessoas de cidades, estados e até países diferentes. Essa agilidade tem trazido grandes contribuições para as tomadas de decisões. A empresa que não empreender em relações humanas com ferramentas tecnológicas adequadas terá menos chances de sobrevivência no mercado competitivo, seja no de hoje, seja no de amanhã.

Nos estudos não é diferente: capacitar-se hoje é algo extremamente possível. Você pode aprender outro idioma com professores nativos daquele país. Enquanto você está na sua casa, ele está na dele. E veja que nesses casos a tecnologia trouxe a facilidade de viver de maneira globalizada, interagindo em todos os setores de nossas vidas.

Em minha trajetória de vida, busquei o associativismo, o que me trouxe grande facilidade nos relacionamentos comerciais e nas amizades. Tenho amigos espalhados pelo planeta. E, por incrível que pareça, com muitos deles me relaciono mais do que com aqueles que estão ao meu lado, no meu dia a dia. Você pertence a alguma associação, fundação ou ONG em que possa se relacionar de forma contributiva? Se não, procure por alguma que lhe faça bem, uma dentro da qual você possa doar e compartilhar sua bondade, sua capacidade e seu conhecimento e trocar relações poderosíssimas, visto que o lucro desse tipo de relacionamento, que é fazer o bem, não tem preço. Mãos à obra: procure uma dessas associações, e você verá o quanto ganhará em relações humanas.

Há uma passagem da Bíblia de que gosto muito em Provérbios 13:20: "*Aquele que anda com os sábios será cada vez mais sábio, mas o companheiro dos tolos acabará mal"*. Para concluir mais um dos fundamentos para um empreender vitorioso, afirmo: *"Diga com quem você se relaciona, e a sociedade lhe dirá como você é visto"*.

Parcerias são relações pessoais ou profissionais com finalidades em comum. Você as tem? Uma vez ouvi que as pessoas vitoriosas são aquelas que mais têm parceiros. E não é que eu aprendi bem rapidamente? Dentro da Confirp, em 2003, idealizei uma associação sem fins lucrativos, com o nome Grupo Alliance, que proporciona a indicação segura entre seus participantes. Com essa atitude, na época, conseguimos fazer com que todas as empresas associadas ampliassem os negócios em uma comunidade de aproximadamente dez mil clientes. Isso é uma parceria vitoriosa. Posso citar diversos outros exemplos, como a parceria dos profissionais da educação financeira, que já são milhares desde 2008, após a abertura da DSOP Educação Financeira. Para ficar mais clara a importância de criar uma rede de relacionamentos, na sequência idealizei a ABEFIN (Associação Brasileira de Educadores Financeiros), que busca, entre outras coisas, a qualidade e regulamentação desses profissionais. Perceba como é importante enxergar mais e observar mais; assim, você e eu podemos emparceirar a todo o momento, até mesmo consolidar parcerias entre os concorrentes para proteger o mercado maior.

Isso leva à questão da simplicidade nas parcerias. Seja acessível, pois é fundamental ter um compartilhamento do empreender em grande escala, sem restrições.

Não pense que você vai perder tempo com essa ou aquela pessoa. Escute, abra o seu coração, fale com elas, seja carinhoso e amável. Aí você vai ver que as portas se abrirão com mais facilidade. Com elas vem o conhecimento por meio dessa troca, dessa permuta, que é o compartilhar. Quando compartilhamos, crescemos. Não é uma prática muito usada pelas pessoas. O problema vem da ausência de vários fatores, e abrir a mente e o coração são algumas dessas práticas.

É preciso ouvir mais e falar menos, respeitando mais as pessoas à sua volta, e nunca subestimar o outro. Por isso, use a sua fala com certa dose de parcimônia a fim de evitar que magoe o outro. As palavras têm poder de abençoar, mas também de machucar. **Hoje pode ter sido você quem criticou. Amanhã, você quem poderá ser o criticado.**

"Se quiser conhecer o verdadeiro ser, dê poder a ele." Já ouviu essa frase alguma vez? Ela é tão verdadeira porque as pessoas crescem, se apoderam dos cargos que lhes foram designados e se acham insubstituíveis. Cargos hierárquicos acabam estragando muitas vezes o ser humano porque não estão preparados para assumi-los. Mas não comigo: eu mesmo "estando" como presidente – já que não somos, sempre estamos –, procuro o tempo todo receber as pessoas. Não tenho sala fixa, vivo pela empresa, conversando com os colaboradores, sempre observando o cotidiano, o dia a dia; e é dessa forma que empreendo o meu SER Empreendedor companheiro, amigo e irmão. Isso é compartilhar as relações humanas.

Dentro de um ambiente profissional, se quiser entendê-lo por completo, converse com as pessoas mais simples, como a copeira, o auxiliar de limpeza ou o segurança. É muito provável que possam ajudar no clima organizacional. O compartilhamento das informações, a abertura da mente e a do coração proporcionam grandes alianças e parcerias. Portanto, nunca despreze um potencial relacionamento. A solução procurada pode estar em um papo sem qualquer interesse.

As relações são vitais para o crescimento e o desenvolvimento profissional. Basta avaliar a empresa em que trabalha ou ainda outras em que já trabalhou e observar quais foram as pessoas que mais se destacaram e cresceram. Certamente, foram aquelas com maior simpatia e empatia que traziam isso em suas atitudes. Em minhas aparições nas mídias, consigo me comunicar com pessoas que não conheço, o que é potencialmente poderoso e perigoso, uma vez que me exponho constantemente e preciso ter clareza nas palavras para me comunicar, evitando ruídos e possibilitando agregar novas relações humanas.

Suas relações – em todos os sentidos, social, profissional, familiar – necessitam de atenção redobrada. Lembrando que você não é mais um ser humano com aparição moderada, e sim com visibilidade ampliada, o que pode levá-lo ao sucesso com muito mais velocidade; porém, da mesma forma que subiu, pode descer. Antes de finalizar o capítulo, quero enfatizar um outro ponto. Empreender as relações humanas é também pensar na imagem que queremos passar para a outra pessoa. E isso ocorre de diversas maneiras, como as já citadas aqui, mas também utilizando um dos cinco sentidos: visão, audição, paladar, tato e olfato. Uma pessoa vestida adequadamente para aquele ambiente causa uma boa impressão, bem como alguém perfumado ou com a higiene pessoal bem cuidada. O oposto também é bem notado, só que com uma conotação negativa. É muito difícil alguém do nosso convívio conseguir se manifestar sobre essas questões. Geralmente, há um constrangimento e, com isso, essa ou aquela pessoa acaba excluída do convívio comum. Se você sentir-se confortável e quiser ajudar, converse, de maneira educada, com ela e aponte algumas dessas questões que podem atrapalhar o relacionamento. Eu mesmo já pratiquei essa gentileza com diversas pessoas sem qualquer distinção. E a recíproca é verdadeira: também fui alertado por amigos.

Assim como os exemplos citados, outro ponto ligado aos cinco sentidos que requer atenção é a introversão. Pessoas introvertidas perdem em demasia a possibilidade de desenvolvimento e até mesmo oportunidades por serem fechadas, tímidas e quietas. Ou aquelas que falam demais e quase nunca ouvem. Escute os seus sentidos e crie relações humanas empreendedoras mais fortalecidas.

Então, como vimos até agora, você conheceu os cinco fundamentos estruturados do **Método Empreender Vitorioso:**

- **Mundo;**
- **Tempo;**
- **Saúde;**
- **Educação;**
- **Relações Humanas.**

Perceba que todos estão conectados e sincronizados, são a base da educação empreendedora. Isso nos remete a uma grande reflexão em conjunto com o universo pessoal e profissional. O segredo para um empreender legítimo é se apropriar de cada um desses fundamentos e praticar diariamente cada um deles para que se conectem. Para colocá-los em funcionamento, convido você e seus pares (já que qualquer mudança deve ocorrer coletivamente, com a família, com os colaboradores, com os colegas de trabalho) para pôr em prática e implementar esse novo modelo de empreender, que coloca o comportamento empreendedor embasado nos sonhos e no lucro em primeiro lugar.

EMPRE
ENDER
EMPRE
SAS

A PARTIR DESTE TRECHO, O LIVRO PRETENDE dar um salto e apresentar, de forma organizada, duas personas, as quais intitulo de empresas, sendo que uma delas cuidará do pessoal (família) e a outra, do profissional (negócios). Para facilitar esse entendimento, serão chamadas de Empresa Família e Empresa Negócio.

FAMÍLIA

O objetivo dessa empresa é estruturar, de forma saudável e sustentável, todas as atividades pertinentes ao cotidiano das pessoas e de seus familiares, possibilitando que qualquer movimentação, financeira ou não, tenha os cuidados necessários para um bom desempenho. Apresento, além disso, o modelo mental do orçamento financeiro, que coloca os propósitos e os sonhos em primeiro lugar.

NEGÓCIO

O objetivo dessa empresa é interagir de maneira que o empreendedor adote o modelo mental que prioriza o lucro dos seus negócios. Farei uma conexão entre a Empresa Família e a Empresa Negócio e mostrarei, com um novo olhar e posicionamento do capital de giro, uma estrutura remodelada da demonstração de resultado.

A EMPRESA FAMÍLIA É A BASE DE TUDO E PRECISA TER A PRÓPRIA SUSTENTABILIDADE.

A MOEDA DE
TROCA UTILIZADA
NOS NEGÓCIOS
É O TEMPO.

UMA FAMÍLIA
ULTRAPASSA
AS LIMITAÇÕES
FÍSICAS DE
VIVER SOB O
MESMO TETO.

... UM DOS GRANDES ANTAGONISTAS DA VERDADEIRA **REALIZAÇÃO DOS SONHOS** DAS FAMÍLIAS SÃO OS ALTOS CUSTOS (PADRÃO) DE VIDA.

EM
PRESA
FAMÍ
LIA

SEGUNDO O DICIONÁRIO HOUAISS DA LÍNGUA PORTUGUESA, família é um grupo de pessoas vivendo sob o mesmo teto. São também as que têm ancestrais em comum e as ligadas por casamento, filiação ou adoção. São unidas por convicções ou interesses ou ainda provindas de um mesmo lugar.

Será que esse conceito consegue definir, de verdade, o que é uma família? Será que as relações familiares são iguais há milênios? Será que esse modelo não evoluiu? Somente nossos ancestrais podem ser chamados de família? Será mesmo que, para ter uma família, é preciso viver dentro de um mesmo ambiente?

Quando digo família, não estou me referindo somente aos membros que têm alguma relação de parentesco; tem a ver, na verdade, com a família do SER. Ela é formada por aquela pessoa ao seu lado, por seus amigos e, indo um pouco além, até mesmo por aquela pessoa que você pensa que não é sua amiga. Uma família ultrapassa as limitações físicas de viver sob o mesmo teto. Família é um estado de SER e de ESTAR.

Por vezes, algumas pessoas convivem conosco e, mesmo sem sabermos, elas fazem parte da família, mas você acabou se fechando e não deu espaço para elas.

Não se relacionou, não ouviu e não falou com elas. Isso faz com que viva em um mundo de forma isolada, como se fosse o único. Deixa de prestar atenção em quem está ao seu redor e nem sequer imagina que essas pessoas podem fazer parte dos seus propósitos, que elas são, na verdade, SUA FAMÍLIA.

Você já parou para pensar que dentro do cotidiano existe uma família? No cabeleireiro há uma família, bem como no futebol ou na academia. Na igreja, na comunidade, na padaria: lá também existem famílias. Até mesmo os animais de estimação são sua família.

A maioria das pessoas acaba vivendo grande parte do dia fora de casa, distante dos familiares, aos quais, para esse momento, vou atribuir o nome de família tradicional. Se eu lhe perguntar quanto tempo convive com a família tradicional e com a não tradicional, qual seria a sua resposta? Pense nisso. Chegou o momento de pensar em como está agindo com o estado do SER, a sua família. É preciso abrir a mente e o coração e apostar em todas elas – a tradicional e a não –, porque são elas que farão seu empreender vitorioso.

Esse será um desafio e tanto para você e para muitos que vão ler o livro, uma vez que somos seres humanos individualistas e, por vezes, egoístas, acabamos pensando apenas em nós mesmos e em nossa família tradicional mais próxima (pais, filhos, irmãos, avós, tios). Em alguns casos, nem mesmo isso. O que percebi, no entanto, é que convivemos com diversas famílias no dia a dia; a partir da leitura, quero que todo mundo dê um basta nesse pensamento pequeno e tome uma atitude diferente.

Avalie as 24 horas dos próximos 365 dias e, depois, multiplique esse pensamento para os próximos 38 mil dias, que correspondem a mais de 100 anos. Faça escolhas mais conscientes e pense em como gostaria de viver melhor com as suas diversas famílias, intensificando as relações. Nascemos, crescemos, vivemos e morremos. Somos seres semelhantes, independentemente da classe social à qual pertencemos. A prova disso é que, ao nascermos, choramos, seja de forma espontânea, seja com aquele tapinha do médico ou da parteira. No mesmo instante, outro choro surge, o de felicidade e alegria dos pais, parentes e amigos pela chegada de mais um ser humano que veio brilhar na Terra, materializando o PODER DA VIDA.

Na Empresa Família tradicional, desde crianças, aprendemos que devemos tomar cuidado com pessoas estranhas, as ditas não parentes, não amigas, e somos orientados a manter distância delas. Tal conselho é compreensível e um tanto valioso, principalmente se as crianças estiverem sozinhas. O que acontece, porém, é que crescemos com esse mesmo pensamento, desenvolvendo o hábito do isolamento e, com bastante dificuldade, tentamos nos relacionar. E, ao crescer, um dos requisitos para ingressar na sociedade e obter vitória é o relacionamento, que, inclusive, faz parte de um dos fundamentos do empreender vitorioso com sonhos e lucro em primeiro lugar.

Fazendo uma analogia com a linha da vida, perceba que o isolamento não é uma verdade totalmente correta. Convivemos com pessoas estranhas desde o início da vida; ao nascermos, nos relacionamos com médicos, enfermeiras, parteiras, doulas, parentes; depois, na infância, com empregados, babás, cuidadores, professores de creches e escolas. Na adolescência, gostamos de sair, de ficar mais tempo fora de casa, frequentando diversos lugares e sempre convivendo com novas pessoas. Na fase adulta, convivemos em ambientes diferentes e encontramos mais desconhecidos, e isso continua quando acontece a chegada dos filhos e quando começam novos ciclos de relacionamentos.

Ao chegarmos a uma certa idade, nos deparamos com a dificuldade de convivência com os próprios filhos. Quem nunca se sentiu completamente deslocado na casa de um filho, primo ou irmão? Conforme ficamos mais experientes, parece que esse incômodo só aumenta. Se nos hospedamos na casa deles, os atrapalhamos; se ficamos sozinhos, muitas vezes não conseguimos nos manter e passamos a conhecer novos lugares e pessoas, como acontece em uma casa de repouso. A vida é um ciclo que se renova dia após dia, e se fizermos a somatória desse convívio com pessoas, certamente o balanço será que vivemos grande parte da vida convivendo com pessoas da família não tradicional.

Então, não deveria ser estranha essa relação mais distante de nossos familiares tradicionais e, em contrapartida, deveríamos ver com mais naturalidade o relacionamento com a família não tradicional. Isso parece óbvio, mas poucas pessoas conseguem enxergar. Para fechar a analogia, precisamos mais do que nunca abrir o coração, ser simpáticos, conviver com harmonia e evitar o isolamento, ou seja, ter empatia em todas as áreas, com as pessoas que convivemos – parentes ou não.

Pratico essa relação dando atenção a todos os que estão ao meu lado durante as 24 horas de cada dia, os mais próximos e acessíveis, e aos que estão presentes de uma maneira física ou virtual, nutrindo sentimentos de amor e amizade. Relacionar-se não é fácil, eu confesso, e é preciso haver dedicação, doação do tempo e, acima de tudo, **ser um bom ser humano.** Isso é empreender a Empresa Família.

Dando continuidade a esse novo conceito de família, peço muita atenção ao que chamo de **empreender a sua família.** Como disse, grande parte dos empreendedores não se preparou para esse universo familiar. Se olharmos para trás, para nossos antepassados, pais e avós, e analisarmos como eles cuidaram desse empreender, é possível que a resposta seja esta: não cuidaram. E você, como vê sua família, seus pais, seus filhos, seu companheiro, todos que compõem a sua família tradicional?

Em minha trajetória de vida, esse empreender esteve sempre ao meu lado e procurei ter meus familiares alinhados com os propósitos de vida. Isso me deu tranquilidade para atuar nos mais ousados empreendimentos referentes aos meus negócios. Acredite, sempre tive esse cuidado, antes mesmo de alçar voos maiores. Tenho como base a família tradicional, o apoio e o acreditar em todos os meus projetos.

A fórmula mágica para que o empreender a família seja vitorioso está diretamente relacionada aos sonhos. Para que estes possam, de fato, se transformar em realidade, o segredo é que as pessoas envolvidas tenham claramente os sonhos – individuais e coletivos, de curto, de médio e de longo prazos – bem definidos.

E não é só isso. Elas ainda precisam vivenciar o caminho para os sonhos se tornarem realidade, sabendo quanto custam, em quanto tempo pretendem realizá-los, quanto vão guardar e onde vão encontrar esses recursos. A prioridade da Empresa Família deve ser o projeto de vida, o que não acontece na maioria das vezes. As pessoas casam, têm filhos, netos, bisnetos e até tataranetos, mas em nenhum momento planejam esse empreender da família tradicional.

É preciso conhecer e buscar pela realização dos sonhos de cada membro da família, como eu mesmo pratico no meu cotidiano. A minha filha Graziella, que tinha o sonho da casa própria e seu casamento, meu filho Fabrizzio, que tinha o sonho de construir um cinema em casa, e a minha esposa Loreta, de fazer a super, mega reforma dos sonhos em nossa casa. E todos respeitando o meu maior sonho que é levar a Educação Financeira por meio da **Metodologia DSOP** e o **Método Empreender Vitorioso** à toda a sociedade.

Um ponto de atenção está voltado para as rupturas, como uma separação, a ausência de algum membro, a falta de trabalho e problemas de saúde. Esteja atento e prepare-se com um bom plano de assistência médica, seguro de vida e/ou invalidez. Em caso de separação, que a amizade prevaleça. E que ainda construam reservas financeiras suficientes para momentos de ausência de trabalho e, principalmente, para uma aposentadoria sustentável.

É muito comum o empreendedor investir na Empresa Negócio e acabar se esquecendo da Empresa Família. Acaba investindo todo o dinheiro, em grande parte dos casos, contando com um valor que não é só dele para canalizar toda a energia para esse "tal novo negócio". Trata-se de um erro muito comum, e a família tradicional não pode se tornar refém de um negócio que pode desmoronar rapidamente. Lembre-se: **a Empresa Família é a base de tudo e precisa ter a própria sustentabilidade, antes mesmo de algum membro sair investindo em um projeto novo.** A sua família tradicional é a empresa mais importante que existe, e tenha nela o espelho para construir a essência do SER. É só você pensar por que empreende um negócio, seja como empregado ou empregador. A resposta é muito simples: fazemos isso porque queremos oferecer uma vida de qualidade para as pessoas que amamos e também para realizarmos os sonhos da família.

Mais uma vez, eu o provoco: seja sincero, você conhece de verdade os sonhos (de curto, médio e longo prazos) e desejos de seus familiares? E eles sabem quais são os seus? É muito provável que não. Percebo nos meus atendimentos como terapeuta financeiro uma **verdadeira ausência de sonhos nos familiares tradicionais.** Não perca mais tempo: faça uma reunião em família e mude essa situação. Se você não sabe os sonhos deles, tampouco eles sabem os seus; chegou a hora de dar um basta nisso e buscar esses propósitos coletivamente.

Os laços familiares, ao longo dos anos, foram enfraquecidos pela modernidade e pela tecnologia. Para constatar o que eu falo, faça o seguinte exercício: **analise por 24 horas todos os passos, gestos e atitudes de cada membro da família.** Seja minucioso. Pegue uma folha de papel e escreva tudo o que viu, notou e presenciou. Coloque-se no papel de telespectador de sua própria família e responda a estas perguntas:

Como foi a relação com eles? Comunicaram-se verbalmente? Cumprimentaram-se, abraçaram-se e beijaram-se? Ficaram ligados nas redes sociais ou vendo TV?

Depois de anotar tudo, procure fazer uma reflexão e apresente os resultados para os demais membros da família. Peça que eles também façam o mesmo exercício. Em outra etapa, busquem uma nova forma de convivência, mostrando a todos que é possível viver de forma harmoniosa, mesmo dentro de um universo modernizado. Tentem chegar a um consenso sobre como vão utilizar de maneira saudável os acessos às mídias e à TV dentro de casa. Provoque-os para que achem uma solução benéfica para todos.

Um dos maiores momentos de uma família é a chegada dos filhos. Gerar um filho, de forma planejada ou não, é uma forma de empreender. Proporcionar qualidade de vida, escola, vestuário e educação é muito importante, porém não vem sendo suficiente. É necessário mais, é preciso empreender o tempo que você dedicará ao filho, à aproximação e à vivência. As crianças, principalmente as menores, demandam mais atenção dos pais e dos cuidadores para a realização de tarefas simples e necessitam de um contato mais direto. A presença física é fundamental, especialmente nos dez primeiros anos de vida. Depois, logicamente, elas começam a se distanciar, criando imunidade e resistência para viver a própria vida. Logicamente, empreendemos os filhos para o mundo a fim de se desenvolverem de forma autônoma para que aprendam a lidar com as questões do dia a dia, inclusive com o dinheiro.

A grande parte da população não teve nenhum ensinamento sobre como usar esse valioso recurso de maneira eficaz. A verdade é que a educação financeira deveria fazer parte do cotidiano há tempos, mas, infelizmente, não havia nenhum tipo de preocupação com esse assunto. Logo na infância, a partir dos dois anos, uma criança já pode dar início ao aprendizado. Ela pode conhecer o dinheiro de forma lúdica, por meio do comportamento, antes mesmo de ser alfabetizada. Tomando ciência da importância de envolver, desde cedo, as crianças nesse tipo de assunto, elas, muito provavelmente, se tornarão adultos mais conscientes.

Os filhos quase sempre crescem se espelhando nas atitudes dos pais e cuidadores – as boas e as não tão boas –, por isso oferecer bons exemplos é um bom começo. Mas quem disse que somos donos da verdade – ou da não verdade? A vida é uma incógnita, e muitas vezes achamos que algo é certo e, na verdade, não o é; ou quando pensamos que erramos, acertamos. Assim como grande parte dos filhos segue os exemplos dos pais, também existem aqueles que não os acompanham de maneira nenhuma. Invista no EU dos seus filhos. Lembre-se: eles não são iguais e requerem atenção individual. São seres preciosos e merecem carinho e amor. Se o seu filho tirar uma nota baixa na escola, não se aborreça, tampouco o faça se sentir aborrecido. Mostre que você também teve dificuldades quando era estudante e deixe-o confortável para se abrir com você. Dar atenção necessária em momentos difíceis é o que ele gostaria de ter, o que nem sempre os pais conseguem enxergar. Em boa parte dos casos, uma nota ruim pode levantar a outra questão; talvez a escola não esteja atendendo às reais necessidades da criança. Preste atenção aos problemas delas e se dê a chance de ser um pai ou responsável melhor. Faça com que as crianças vejam você como um herói, como um fiel amigo; pense nisso.

Depois de profundas reflexões, explanações, orientações e ensinamentos, chegou a hora de praticar e construir uma Superempresa Família, que prioriza os propósitos e os sonhos.

Pense: eu sou a família. Tudo começa conosco. Quando queremos construir algo, inclusive a nossa família, precisamos estar bem internamente. Não podemos agradar ou amar o outro sem antes amar a Deus e nos amarmos. Como já sabido por você, temos dois tipos de família, a tradicional e a não tradicional. Ambas são relevantes em nossas vidas. Na tradicional, é preciso que todos os membros estejam na mesma sintonia. Quando isso acontece, a probabilidade de tudo dar certo é maior.

Outro ponto de atenção é a morada dessa família. Um velho ditado afirma que "quem casa quer casa". É antigo, mas bastante verdadeiro; muitas famílias se frustram por não conseguirem conquistar a casa própria e, em alguns casos, até a conseguem, porém constroem um lar com pouca harmonia. Tudo isso pode ser solucionado com bastante diálogo, amor e fraternidade. Viver de forma saudável não significa ter tudo o que queremos. Existem famílias com uma vida sem nenhum tipo de luxo que são extremamente felizes, bem como existem as que vivem em uma mansão e são infelizes.

O dinheiro, como sabemos, é um meio que norteia a vida não por um período, e sim por toda ela; infelizmente, não aprendemos a lidar com esse tal dinheiro e, com isso, nos vemos procurando por ele, de forma incessante, por toda a vida, enquanto deveríamos buscar nossos propósitos e sonhos, aprendendo que o dinheiro é um meio, e não um fim.

Por que as pessoas tendem a olhar para o valor material em vez de priorizar os sonhos e os propósitos? A resposta está diante de nós. O orçamento comum, utilizado por grande parte das famílias, traz como prioridade o pagamento das contas e dos gastos mensais; em momento algum, os sonhos e a independência financeira são colocados como protagonistas. Mesmo quando há sobra de dinheiro, não é garantida a realização dos objetivos. Isso ocorre porque esses sonhos não ganharam materialidade, isto é, não foram pensados, escritos e marcados como prioritários.

Faremos uma ida ao "túnel do tempo": volte dez anos da sua vida e observe como praticou o uso do seu dinheiro e do seu orçamento financeiro nesse período. Certamente, o fez da mesma forma que citei, priorizando gastos e contas. Agora, volte menos, cerca de três anos, na sua linha do tempo. O que fez com seus ganhos financeiros? Se foi promovido, trocou de emprego ou passou a faturar mais, o que fez com esse valor adquirido? Uma das possíveis respostas é a de que seu padrão de vida melhorou, mas os gastos aumentaram por ter adquirido bens, ter tido filhos ou netos ou feito um curso ou uma especialização acadêmica para melhorar a capacidade no trabalho.

Em qual dessas vezes decidiu guardar parte do dinheiro? A maioria responderia que não guardou ou guardou um pouco, mas não o suficiente para os sonhos e necessidades maiores – casa própria e aposentadoria sustentável. Em uma análise mais profunda dessa ida ao "túnel do tempo", percebe-se que **um dos grandes antagonistas da verdadeira realização dos sonhos das famílias são os altos custos (padrão) de vida.**

Desde o início das minhas atividades profissionais e ao longo das transições de um empreender para outro, sempre busquei manter um padrão de vida adequado aos ganhos. Quando empreendi meu primeiro negócio, ainda morava em uma pensão e continuei nela por mais cinco anos, mantendo o custo de vida abaixo do que poderia ter, gastando sempre menos do que ganhava, para conquistar meus verdadeiros sonhos mais rapidamente.

Para ratificar a importância da sustentabilidade e de se manter sempre capitalizado, trago uma experiência vivida na minha Empresa Família, quando saí da pensão e comprei meu primeiro imóvel, por conta do meu casamento. O valor da casa era de, aproximadamente, cem mil dólares, e eu me lembro que tinha três vezes esse valor como reserva financeira. Mesmo podendo comprá-la à vista, optei por dar uma entrada de 20% do valor total e financiar o restante. Esse tipo de pensamento e outros mais me proporcionaram alcançar a independência financeira em menor tempo.

Um erro muito comum praticado pelos empreendedores, tanto empregados quanto empregadores, é passar a ganhar mais e a gastar na mesma medida. Boa parte dos empreendedores toma essa atitude equivocadamente, e acaba comprometendo seriamente o futuro e a prosperidade da Empresa Família. Para o empreender vitorioso, no início é preciso abrir mão de algumas coisas. Essa é uma questão-chave: **abdicar de alguns prazeres, do luxo e do supérfluo para construir e usufruir de prazeres maiores no futuro.**

Hoje escrevo mais um livro porque construí condições para isso; não foi algo que veio do nada. Deus me empoderou da consciência do que era mais importante, e tenho certeza de que muitos empreendedores, inclusive os mais bem-sucedidos, abdicaram de muitas coisas em suas vidas para atingir os verdadeiros propósitos. E você está disposto a aceitar esse desafio?

Você já está praticando a educação financeira em família? Qual é a sua real situação financeira? **Se a partir de hoje você deixasse de receber seus ganhos mensais, por quanto tempo conseguiria manter seu padrão**

de vida? Essa pergunta faz parte do meu livro Terapia Financeira. Espero que a resposta não seja igual à da maioria das pessoas, ou seja, de até 3 meses. Se for esse o seu caso, não se desespere, pois é possível virar esse jogo. E o caminho é se educando financeiramente.

Como expliquei, as famílias praticaram um tipo de orçamento financeiro em que o dinheiro ganho tem como prioridade os gastos.

ORÇAMENTO FINANCEIRO TRADICIONAL

GANHOS — GASTOS = SOBRA OU FALTA

No modelo, fica claro a falta de espaço para os sonhos. Um dos principais efeitos disso é um excesso de inadimplência, que já atinge milhões de pessoas, pois elas já não conseguem mais manter a vida saudável e sustentável. Na Empresa Família, você e seus familiares devem ficar comprometidos com os propósitos e os sonhos; para isso, a educação financeira se torna imprescindível. Para ajudá-lo a trilhar um caminho vitorioso, pretendo elencar alguns passos para que a Empresa Família triunfe no desafio. Tente sair da zona de conforto e coloque-os em prática após a leitura.

O **primeiro passo** é reunir todos da família para um grande diálogo, que terá como eixo principal os sonhos, as necessidades e os propósitos de curto, médio e longo prazos. Atenção: em um primeiro momento, nada de colocar a parte ruim ou os problemas; utilize palavras positivas e tenha o semblante feliz e esperançoso. Os sonhos e os propósitos precisam ser materializados; anote-os, então, em uma agenda, caderno ou no celular. O mais importante é que os desejos de cada membro da família sejam colocados em discussão e devidamente registrados. Não se esqueça de anotar qual é o sonho, quanto ele custa, em quanto tempo, quanto vai guardar e de onde vai tirar o recurso financeiro para cada um deles.

Acho importante ressaltar que não existe sonho que não possa ser realizado. Inclusive, cito alguns importantíssimos que podem, momentaneamente, ser colocados na lista de prioridades, como sair da inadimplência ou adquirir um bem material. Por mais ousado que o sonho seja, é interessante perceber que, dependendo da dificuldade, o tempo para a realização será maior. Mas querer é poder!

O **segundo passo** é entender a real situação financeira da família. Somente assim, após conhecer os sonhos de cada membro, será possível direcionar os valores corretos para a concretização de cada um deles. É como tirar uma fotografia de um determinado período da movimentação financeira ou como fazer um check-up médico anual; o diagnóstico financeiro segue mais ou menos o mesmo raciocínio. Essas anotações deverão ser feitas durante 30 dias para quem tem ganhos fixos e durante 90 dias para pessoas com ganhos variáveis. Nada deve ser esquecido: nem mesmo um café, ou um chocolate. Os gastos devem ser separados por tipo e, ao término do período, lançados no orçamento financeiro.

O **terceiro passo** é materializar o orçamento financeiro, incluindo os valores para os sonhos e as necessidades de curto, médio e longo prazos da família. Não deixe de acrescentar as dívidas parceladas. Para que os sonhos e as prestações estejam protegidos, sugiro a criação de uma reserva estratégica – de seis a doze ganhos mensais – para blindar completamente os sonhos, as necessidades e as prestações.

Percebeu que esse é um novo jeito de fazer um orçamento financeiro? Trata-se do Orçamento Financeiro DSOP. Isso porque os sonhos estão em destaque. Caso os seus sonhos não caibam no atual orçamento, é necessário cortar gastos mensais. Após verificar por 30 ou até 90 dias os gastos, certamente perceberá um excesso que pode ser reduzido. Trata-se daquele valor que foi gasto indevidamente e que não agregou nenhum valor à sua vida. Pesquisas mostram que há 30% de excesso em todos os gastos. Somente depois de descobrir quais são os seus excessos, estabelecer quais são os sonhos e passar a separar os valores para tal, blindando esse dinheiro contra qualquer desvio no planejamento, você estará pronto para empreender sua Empresa Família de forma vitoriosa.

O **quarto passo** é o momento da constatação. Quando me refiro a poupar, quero dizer o quanto você está disposto a guardar, proteger, reter e salvar o dinheiro. E isso é possível não só com um aumento nos ganhos, mas também ao reduzir gastos, o que, para mim, é o passo mais importante nesse processo. Ao reduzi-los ou mesmo evitá-los, você chega a ganhar, em média, 30% ao mês.

Com a **Metodologia DSOP,** você consegue fazer isso de maneira simples e bastante eficaz. Veja: no **D**, de **diagnosticar**, você adequa o padrão de vida; no **S**, de **sonhar**, você promove o agente motivador com a família; no **O**, de **orçar**, você protege as necessidades, os sonhos e as prestações; e **P**, de **poupar**, você materializa, carimbando o dinheiro protegido no orçamento. Com isso, poderá aplicá-lo nos diversos tipos de investimentos, sendo eles de curto, médio ou longo prazos. **Por isso, eu chamo o ato de investir de potencializar o dinheiro poupado.**

Percebe a diferença que existe entre o que expus e o modelo aprendido ao longo da vida? Esses quatro pilares que formam a Metodologia DSOP vêm transformando vidas, especialmente a de cada Empresa Família.

Para melhor entendimento e visualização mental, compartilho nesta minha obra-prima o Orçamento Financeiro DSOP, que vem ajudando milhões de pessoas:

ORÇAMENTO FINANCEIRO DSOP

(+) GANHOS
(-) LONGEVIDADE
(-) SONHOS (CURTO, MÉDIO E LONGO)
(-) PRESTAÇÕES/DÍVIDAS
(-) RESERVA ESTRATÉGICA
(-) GASTOS

PhD Reinaldo Domingos - Método Empreender Vitorioso

GANHOS

Todo recurso recebido em um período, como exemplo: salário, pensão, aposentadoria, mesada, adiantamentos, reembolsos, comissões, pró-labore, dividendos, aluguéis, entre outros.

LONGEVIDADE

Construção de uma reserva financeira, muito conhecida como Independência Financeira ou Aposentadoria

Sustentável, que tem como objetivo promover uma merecida qualidade de vida, garantindo a sustentabilidade financeira.

SONHOS

Agentes motivadores que mostram o caminho e o verdadeiro sentido da vida, que proporcionam um empoderamento, tornando-o capaz de realizar todos os sonhos. Para que essa motivação seja contínua, é preciso ter sempre, no mínimo, três sonhos, curto, médio e longo prazos.

PRESTAÇÕES/DÍVIDAS

Todas as compras efetuadas anteriormente ao período de anotação no Apontamento Financeiro, que foram adquiridas a prazo, são chamadas de Dívidas. Essas prestações deverão ser registradas no ato do pagamento. Exemplo: prestação da casa própria e do carro, do crediário, inclusive da fatura do cartão de crédito, entre outras.

RESERVA ESTRATÉGICA

Trata-se de uma blindagem da Longevidade, dos Sonhos e Prestações/Dívidas. Seu valor poderá variar de seis a doze ganhos mensais.

GASTOS

Tudo aquilo que você movimenta financeiramente, seja comprando, pagando ou doando.

O Orçamento Financeiro DSOP é um instrumento de análise que possibilita uma visão plena do que se ganha e do que se gasta, durante um período de tempo, com priorização das necessidades, dos sonhos e das prestações. Por meio dele, é possível tomar decisões necessárias para a obtenção do equilíbrio financeiro. Assim, a Empresa Família estará protegida e pronta para implementar o consumo consciente, guardar recursos financeiros, garantir adimplência de suas prestações e ter uma reserva financeira.

Por fim, será capaz de adequar os gastos, garantindo, com isso, as saúdes física, mental e espiritual e uma qualidade de vida financeiramente sustentável da empresa mais importante do mundo, a Empresa Família. Esse modelo se aplica tanto para a família tradicional quanto para a não tradicional.

Chegou a hora de conhecer a tão esperada Empresa Negócio, aquela que proporcionará os recursos necessários para garantir a realização dos sonhos em primeiro lugar.

TODOS OS NEGÓCIOS
TÊM SUA MISSÃO.

... SEGREDOS DE
UM EMPREENDEDOR
VITORIOSO: MANTER-SE
SEMPRE CAPITALIZADO...

EM
PRESA
NEGÓ
CIO

TODAS AS PESSOAS TÊM UM NEGÓCIO. Fazemos e praticamos algum negócio. Ganhamos e perdemos dinheiro com os negócios. Doamos ou vendemos nossas horas por meio de um negócio, independentemente de sermos ou não os donos dele e de ele ter ou não fins lucrativos.

A moeda de troca utilizada nos negócios é o tempo, ou seja, os segundos, minutos e as horas que você emprega neles. Simples assim! Mas será mesmo que todas as pessoas pensam dessa maneira?

Posso afirmar que não. Todos os negócios têm sua missão; por mais simples que ela possa parecer, sempre está presente. Por exemplo, minha missão neste livro é **ensinar um jeito de empreender que priorize o lucro e a realização dos seus sonhos.**

A primeira atitude de um empreendedor deve ser a de pensar e agir em prol de **resultados positivos em primeiro lugar**. A regra vale para sócios ou acionistas de uma organização, empregados no regime CLT, estatutários, autônomos, profissionais liberais, prestadores de serviço (no formato PJ) e voluntários. A segunda atitude é a de não ter medo de empreender, mesmo quando você ainda não se sente preparado. Aliás, se você perguntar para qualquer empreendedor no planeta se ele estava preparado para empreender, a resposta dele certamente seria não. O medo foi o grande agente motivador, mas, mesmo se acovardando diante daquele primeiro ato de empreender, ele não deixou de tentar e só depois viu se teve êxito ou não. Mas, para esse contexto, isso pouco importa, pois o que vale é tentar.

É importante ressaltar aqui que a maior parte dos empreendedores solitários e marinheiros de primeira viagem nem mesmo tinha claro quais eram seus sonhos. Antes de aprender que o dinheiro é apenas um meio para conquistar os sonhos, um jovem aprendiz ou estagiário entra no mercado de trabalho pela necessidade financeira ou pela ambição de ganhar o próprio dinheiro. **Esses são os empreendedores que debutaram no empreender a vida.**

Essa ideia de que o dinheiro é o fim é proveniente da ausência da educação financeira empreendedora. Com a inserção dela na sala de aula, acredito que as próximas gerações terão melhores chances de viver uma vida que não seja baseada apenas no trabalhar para ganhar dinheiro. Já me comprometo com você e com a sociedade a desenvolver um programa para o ensino básico sobre empreendedorismo, embasado nas **Metodologias DSOP** e **Empreender Vitorioso**.

Por que ensinar educação financeira empreendedora para o ensino básico? Vejamos. O que as escolas ensinaram para nossas crianças sobre esse tema ao longo dos anos? As crianças e os jovens aprenderam que empreender é comercializar (serviços ou produtos) e que educação financeira são finanças pessoais (cálculos e números). Como explicitado no livro, o empreender vai muito além de comercializar alguma coisa, e a educação financeira lida diretamente com o comportamento e os sonhos do ser humano. No que se refere à educação financeira, após dez anos de luta contínua, conquistamos em 2018 a inserção da temática na grade curricular por meio da BNCC (Base Nacional Comum Curricular), um documento que apresenta quais temáticas, separadas por faixas etárias, as crianças do país devem aprender ao longo do ano letivo.

Quanto ao empreender, existem iniciativas nas escolas, mas com a visão apenas nos negócios, e não nas famílias. O **Método Empreender Vitorioso** levará esse novo jeito de praticar o empreendedorismo.

No meu cotidiano, sempre busco o que, para muitos, pode passar despercebido, como desligar a luz, comprar apenas o necessário no supermercado, reaproveitar tudo o que for possível e reciclar. Quando fazia minhas pipas para vender, eu aproveitava todo o papel, as varetas e a cola, evitando o desperdício. Conseguia economizar em praticamente tudo na confecção, porque tinha consciência de que, ao fazer isso, a economia era destinada às guloseimas e, principalmente, aos ingressos e às pipocas no cinema. Pratico essa maneira de fazer com as pessoas ao meu redor e nos lugares que frequento. O simples recolhimento de um pedaço de papel jogado indevidamente na rua pode evitar o entupimento dos bueiros, que causam danos a terceiros.

Com isso, acredito que consegui elucidar um pouco melhor por que, ao empreender, coloquei o lucro em primeiro lugar. Dividindo-me entre empresa família e empresa negócio, consegui aplicar essa teoria e obter resultados práticos surpreendentes.

De 1982 a 1986, durante a minha carreira contábil, no período que ficou marcado pelo fim da trajetória como analista do grupo financeiro do Banco do Comércio e Indústria de São Paulo, e pelo início na área de estudos contábeis para o Banco Itaú, percebi que o momento era oportuno para empreender meu próprio negócio. Passei a buscar nos jornais anúncios de venda de empresas de contabilidade. Lembro-me até hoje daquele anúncio no jornal Primeiramão: "Busco sócio que queira trabalhar. Facilito".

Fui conhecer a empresa, que se resumia a uma pequena garagem, coberta por telhas de cimento-amianto, em que havia luz de mercúrio e duas mesas muito velhas. Isto é, não existia uma empresa de fato, com estrutura montada, mas apenas uma pessoa física que chamava aquele espaço de escritório contábil. A carteira de clientes não passava de meia dúzia de empresas. Havia uma probabilidade considerável de que eu não conseguisse ganhar ali o equivalente ao que, até então, ganhava em meu emprego.

Ainda assim, decidi apostar, **e essa aposta só foi possível, de forma segura e sustentável, porque tinha reservas financeiras suficientes para me manter por mais de dez anos.** Com essa segurança, tomei uma decisão e comprei a carteira de clientes e os ativos fixos desse lugar para abrir em 10 de julho de 1986 a empresa dos meus sonhos, a Confirp Consultoria Contábil.

Tinha como propósito ser mais que um simples escritório contábil: queria ser uma empresa de grande porte nesse segmento. Pensei grande, pois estava empreendendo meu primeiro negócio próprio. No entanto, para que o negócio fosse feito da maneira como planejei, tomei algumas decisões estratégicas, e uma delas foi não me descapitalizar. Mesmo com o dinheiro para a aquisição à vista da carteira de clientes, me contive e busquei alternativas. Uma delas foi oferecer como pagamento um plano de expansão de uma linha telefônica (na época, valia um bom dinheiro) e 50% do meu veículo Chevette, fabricado pela empresa GM, uma vez que precisaria do veículo para visitar os clientes. Este é um dos grandes **segredos de um empreendedor vitorioso: manter-se sempre capitalizado, isto é, ter dinheiro em mãos.**

Percebi que tinha o mesmo tipo de preocupação de quando vendia pipas – economizar e priorizar a realização de sonhos por meio dos recursos financeiros –, o que garante a estabilidade de qualquer empresa.

Desde o primeiro mês de atividade da Confirp, priorizei o lucro. Prova disso foi que, cerca de um ano após a aquisição da empresa, utilizando o lucro do próprio negócio, comprei de volta a parte do carro que havia oferecido como pagamento e passei a não precisar mais compartilhar o veículo com o outro sócio.

Na Empresa Família, os sonhos devem ser prioridades, e na Empresa Negócio isso não poderia ser diferente, já que, ao falar de negócio, a prioridade deve ser sempre o lucro, simples assim. Veja um exemplo: no Brasil, um país com muita oscilação na economia e na política, quando os custos e as despesas estão acima da própria inflação, só há uma maneira de garantir o lucro: mudar o modelo mental dos empreendedores, colocando na demonstração de resultado o lucro em primeiro lugar.

No modelo tradicional, quando uma empresa apresenta seus resultados, o faz utilizando uma ferramenta chamada DRE – Demonstração do Resultado do Exercício. Quem está no mercado corporativo já tem bastante familiaridade com o termo, já que é muito utilizado no universo dos negócios e é publicado em diários oficiais com os balanços empresariais e as notas explicativas. Para quem não é da área, a DRE basicamente está estruturada assim:

DRE – DEMONSTRAÇÃO DO RESULTADO DO EXERCÍCIO

FATURAMENTO – CUSTOS E/OU IMPOSTOS – DESPESAS = LUCRO OU PREJUÍZO

Perceba que o lucro está em último lugar. A partir do faturamento, são deduzidos os custos, os impostos e as despesas, e somente ao fim disso aparece o resultado, podendo ser lucro ou prejuízo. **Como um empreendedor pode priorizar o resultado que em uma equação é deixado por último? A resposta é simples: não prioriza.**

Nas demonstrações de resultado dos meus negócios, nunca utilizei essa estrutura. Tomei conhecimento dela, mas a utilizei de maneira que se adequasse aos meus objetivos. Peço desculpas aos meus mestres contábeis, que com muitos esforços me ensinaram a usá-la. Não estou dizendo que a DRE está certa ou errada – longe disso –, mas eu não pratico esse método, pois sei que ele não traz para os empreendedores a certeza e a priorização de lucro em seus resultados.

Como sempre dei prioridade às coisas nas quais acredito, assim como faço com os meus sonhos, não poderia agir de outra forma nos meus negócios. Além de ficar sempre atento ao faturamento, aos custos e às despesas, priorizei o lucro.

Comecei meu negócio sabendo que não iria trabalhar para tentar fazer um resultado, mas, sim, para colocá-lo como prioridade. Meus custos e minhas despesas nunca foram superiores ao meu faturamento, tampouco meu pró-labore. Fiz de um jeito novo com a certeza de que os resultados fossem lucrativos desde o primeiro momento. Que fossem rentáveis e, para os negócios sem fins lucrativos, que fossem superavitários. Como sempre fiz quando empreendia como colaborador nas empresas em que trabalhei, meu salário sempre priorizou os sonhos.

O que proponho a partir de agora é que se substitua essa estrutura por uma nova, a DLRE – Demonstração do Lucro e Resultado do Exercício. Antes de me aprofundar nisso, apresento o novo modelo:

DLRE – DEMONSTRAÇÃO DO LUCRO E RESULTADO DO EXERCÍCIO

(+) FATURAMENTO
(-) LUCRO
(-) CUSTOS E/OU IMPOSTOS
(-) PRÓ-LABORE
(-) DESPESAS
= RESERVA FINANCEIRA

PhD Reinaldo Domingos - Método Empreender Vitorioso

Para melhor entendimento dessa nova estrutura, elucidarei cada item a seguir:

FATURAMENTO

Toda empresa traz o faturamento como início da demonstração. É o ato que efetiva a venda do serviço ou do produto; logo, não existe negócio sem faturamento.

LUCRO

Resultado obtido do percentual sobre o faturamento definido pelos sócios do negócio; pode variar de acordo com a vontade dos acionistas, porém, uma vez determinado, deve ser respeitado e colocado acima dos custos ou despesas.

CUSTOS E IMPOSTOS

Para manter a operacionalidade, são imprescindíveis, no caso de uma indústria, matérias-primas ou, na área de serviços, mão de obra especializada. É fundamental também manter toda a documentação e o pagamento de impostos em dia, uma vez que os negócios dependem de certidões emitidas por órgãos públicos, e o não pagamento pode quebrar o negócio.

PRÓ-LABORE

Salário dos sócios que efetivamente trabalham no negócio; trata-se de um ganho pétreo para garantir a sustentabilidade da Empresa Família.

DESPESAS

Despesas são diretas e/ou indiretas, fixas ou variáveis; devem ser objeto de atenção redobrada, pois elas costumam aumentar sem que o empreendedor perceba com facilidade.

RESERVAS FINANCEIRAS

Depois que o lucro foi garantido, os pró-labores foram honrados e os custos e as despesas foram pagos, é hora de criar uma reserva financeira, uma espécie de capital de giro para garantir a sustentabilidade e a perpetuidade do negócio.

Após entendimento desse novo modelo mental, a DLRE, você pode me perguntar: “Reinaldo, e se meu faturamento não for suficiente para que eu possa tirar lucro em primeiro lugar?”. Não sei se já ouviu a expressão “do couro sai a correia”, que serve justamente para demonstrar que tipo de posicionamento um empreendedor deve ter quando o lucro é baixo ou praticamente inexistente.

Se o faturamento não for suficiente, vá até as despesas e as derrube, reduzindo, eliminando, destruindo pelo seu maior propósito, o de ter **LUCRO**. Uma verdadeira operação de guerra. Isso, com certeza, trará resultados positivos.

O mesmo vale para o empreender como empregado em um negócio. Se o seu salário não for suficiente para seu aprimoramento profissional da atividade fim e a realização dos seus **SONHOS**, pare tudo, isso mesmo, sinal vermelho, antes de sair pagando contas, reveja o seu padrão de vida. Este deveria estar abaixo dos seus ganhos para que os sonhos possam sempre estar em primeiro lugar.

Se o faturamento em algum mês do ano não for suficiente para honrar o lucro em primeiro lugar, é preciso que o negócio tenha reservas financeiras, lembra-se delas? Trata-se do capital de giro que um negócio precisa ter; se não o tiver, o negócio deverá ser analisado de sua continuidade ou não.

Depois desse entendimento, deverá mudar seu comportamento e, com isso, realizar uma profunda análise em relação ao seu modelo atual, de como vinha fazendo a demonstração de resultados do seu negócio. É importante também o envolvimento de todos da empresa. Normalmente, o demonstrativo de resultados é visto apenas pela área financeira. Essa é mais uma mudança desse novo modelo. Todos do negócio precisam estar engajados nesse propósito, uma vez que o **lucro só existirá quando houver harmonia empreendedora estratégica dentro de cada colaborador e, principalmente, de seus líderes.**

MODELO MENTAL DO EMPREENDEDOR

Como bacharel em ciências contábeis, vou propor para o Conselho Federal de Contabilidade - CFC uma mudança na lei que rege a apresentação das demonstrações de resultados e, assim, consolidar essa nova estrutura da DLRE, que prioriza o Lucro em Primeiro Lugar.

CON CLU SÃO

AO REFLETIR
SOBRE A PALAVRA
EMPREENDER,
MERGULHAMOS
EM UM UNIVERSO
INTANGÍVEL.

O APRENDIZADO
VEM, SEM
DÚVIDA, COM
A VIVÊNCIA DE
MOMENTOS DE
INSPIRAÇÃO
E COM MUITA
TRANSPIRAÇÃO.

PARA MELHOR VISUALIZAÇÃO, criei uma estrutura em que pode ser vista a importância desse novo processo, composto por cinco fundamentos do empreender e pelas duas empresas, a Família e a Negócio, que denomino ECOSSISTEMA DAS EMPRESAS FAMÍLIA E NEGÓCIO.

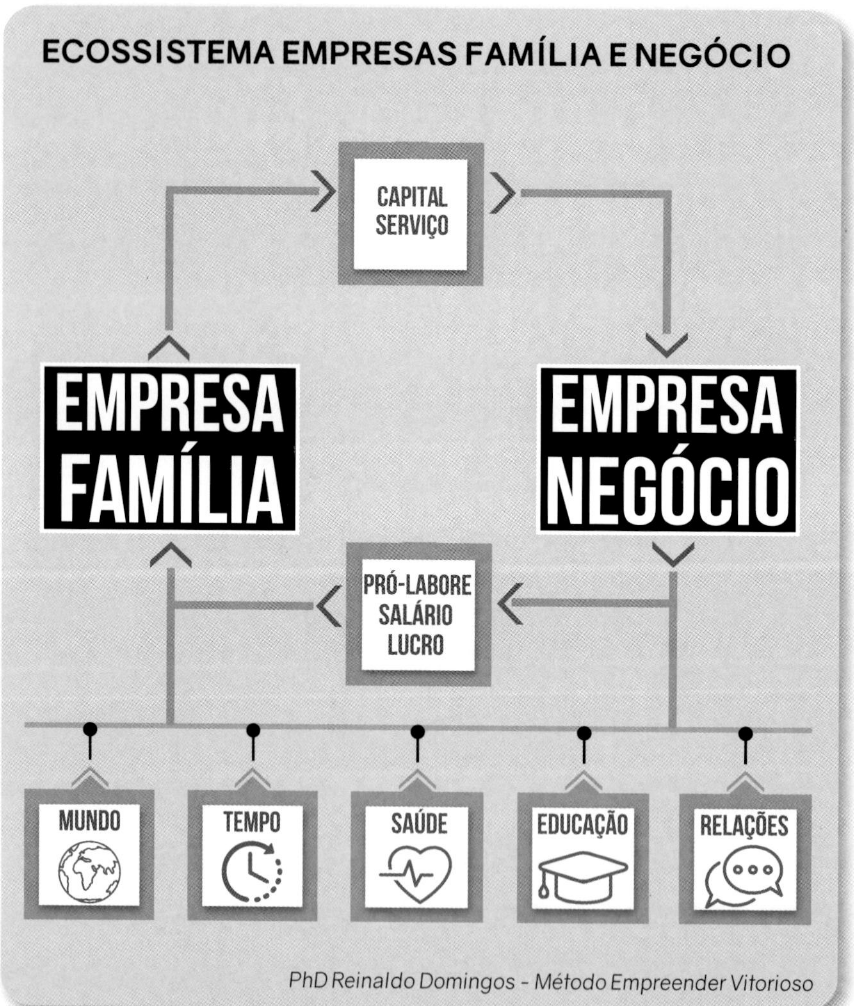

Conheceu a estrutura do empreender vitorioso? Gostou dela? Observou que ela apresenta os fundamentos Mundo, Tempo, Saúde, Educação e Relações Humanas, que dão a base para que o empreender a família e o negócio atendam à missão e alcancem os resultados em primeiro lugar? Note que existem conexões entre elas e que, ao investir em uma Empresa Negócio, essa conexão se materializa pelo capital e pelos serviços das pessoas físicas. Também se faz presente a conexão de retorno desses capitais, representada por meio de pró-labore, salários e lucros, para a Empresa Família.

Mas onde entram as características, as habilidades e as competências?

Calma, presta atenção!

Lembra quando falamos sobre o fundamento Tempo? Lá, você constatou e evidenciou que para empreender você faz o escambo do seu tempo, independentemente da forma que atua, ou seja, não está relacionado ao vínculo empreendedor.

Assim, se observar o universo empreendedor, ele é segmentado em 4 perfis, sendo dois perfis ATIVOS e dois perfis PASSIVOS. Vamos conhecê-los:

PERFIL PASSIVO

O empreendedor com perfil passivo visa segurança, conforto, estabilidade, prefere não correr riscos, ousa pouco e quase sempre toma suas decisões pelas necessidades.

- OPERACIONAL: é o que exerce atividades operacionais com responsabilidades limitadas, quase sempre com direcionamento de um líder e visa renda recorrente.

- ESTRATEGISTA: é um líder de atividades, trabalha e desenvolve equipes e/ou ainda pode ser um bom técnico. Sempre em busca de oportunidades.

PERFIL ATIVO

O empreendedor com perfil ativo quase sempre não tem medo de perder. É ousado, corajoso, não disciplinado e mais resiliente. Os obstáculos e rupturas o fortalecem, e toma suas decisões, muitas vezes, pelo impulso, sem analisar as consequências.

- TERCEIROS: é o que busca pelo baixo risco do negócio, de preferência aqueles com resultados consolidados, com limites controlados. E é influenciado pela tendência do mercado.

- IDEALIZADOR: é o que inova em atividades tradicionais ou não. Ousa, independentemente dos riscos e dos recursos financeiros. É visionário e enxerga o óbvio por um outro ângulo. Os obstáculos são motivacionais e busca caminhos diferentes para um mesmo fim. É oportunista.

Após conhecer os perfis empreendedores, chegou a hora de apresentar as conexões desses perfis com as características, habilidades e competências do empreendedor.

CARACTERÍSTICAS, HABILIDADES E COMPETÊNCIAS X PERFIS DO EMPREENDEDOR

CARACTERÍSTICAS	PASSIVO OPERACIONAL	PASSIVO ESTRATEGISTA	ATIVO TERCEIROS	ATIVO IDEALIZADOR
LIDERANÇA	Independe	Independe	Independe	Imprescindível
AUTOPERSUASÃO	Independe	Imprescindível	Independe	Imprescindível
SONHOS	Imprescindível	Imprescindível	Imprescindível	Imprescindível
RESILIÊNCIA	Independe	Imprescindível	Imprescindível	Imprescindível
EXCESSO DE CONFIANÇA	Independe	Independe	Imprescindível	Imprescindível
EFICIÊNCIA E EFICÁCIA	Independe	Imprescindível	Independe	Imprescindível
INDEPENDÊNCIA FINANCEIRA	Imprescindível	Imprescindível	Imprescindível	Imprescindível
OTIMISMO	Independe	Imprescindível	Independe	Imprescindível

IMPRESCINDÍVEL (ícone preto) INDEPENDE (ícone cinza) *PhD Reinaldo Domingos - Método Empreender Vitorioso*

Com essa nova visão, você poderá identificar seu verdadeiro perfil empreendedor e com isso buscar as adequações necessárias, ou ainda potencializar seu perfil atual.

Ao retomar tudo o que já foi dito no livro, acredito ter trazido algumas novidades, contradizendo até um modelo de negócio aprendido ao longo de uma trajetória de vida empreendedora. Ao refletir sobre a palavra empreender, mergulhamos em um universo intangível, cujo objetivo é entender o todo (ou, pelo menos, tentar compreendê-lo).

O desafio para qualquer empreendedor é desenvolver estratégias assertivas dentro dos negócios e dentro de nossas vidas. E eu lhe pergunto: como estruturar algo intangível dentro do universo da vida de cada um? Basta abrir a mente, buscar a missão a qual você veio cumprir na Terra e praticar a visão de 360 graus, alinhando-a aos pares que pretende atingir.

É como vender algo para quem precisa de algo, conhecer a real necessidade e propor a solução por meio da sua missão. A princípio, parece fácil, mas, mesmo quando uma pessoa precisa de algo, nem sempre está disposta a fazer as mudanças necessárias para alcançar os objetivos. **Empreender é, acima de tudo, viver o que se objetiva fazer com emoção, prazer e amor. Abrir a mente e o coração é o caminho.**

Para consolidar essa minha nova ciência e **método "Empreender Vitorioso"**, trago a **visão da similaridade entre a Empresa Família e a Empresa Negócio.** Nesta, seus atos constitutivos têm como origem um contrato social ou estatuto, em que suas regras são explicitadas entre os envolvidos. Na Empresa Família, esse ato é representado pela união de duas pessoas físicas, formalizada por um contrato, que chamamos de certidão de casamento, em que constam suas regras.

Ainda na Empresa Negócio, os acionistas são os proprietários; na Empresa Família, o comando fica com os pais ou os responsáveis. Quanto aos colaboradores da Empresa Negócio, eles também têm seus correspondentes na Empresa Família, que são os filhos; na ausência destes, assumimos como filhos os nossos próprios animais de estimação.

Quando tratamos de ruptura, mais uma coincidência: na Empresa Família, a separação é documentada pelo divórcio; na Empresa Negócio, uma alteração contratual marca a saída de um sócio. Quando ocorre a morte de um dos membros da família, é emitida a certidão de óbito; e na Empresa Negócio, é feito o distrato social.

Perceba que são duas grandes empresas e que elas estão diretamente conectadas, mas com atividades que, embora sejam similares, não podem e não devem ser misturadas. Lembre-se de que devemos "separar o joio do trigo", uma expressão antiga, mas muito verdadeira.

O aprendizado vem, sem dúvida, com a vivência de momentos de inspiração e com muita transpiração. E ainda tive o privilégio de compartilhar todos eles com você. O único pedido que eu faço é que, ao terminar a leitura desta obra, repita uma segunda, terceira ou por mais vezes. Você vai perceber que, a cada nova leitura, novas visões e percepções ampliarão sua mente empreendedora; com isso, conseguirá implantar esse novo modelo mental do **Empreender Vitorioso com Sonhos e Lucro em Primeiro Lugar.**

Ao adotar esse novo conceito do empreender, perceberá sua sutileza. Independentemente de crises e de mudanças de governos e moedas, você será bem-sucedido. Nada disso me impediu, nas empresas Família e Negócio, de me tornar um **Empreendedor Vitorioso.**

Ratifico: se você praticar o **Método Empreender Vitorioso**, alcançará seu empreender da vitória. Eu garanto.

Reinaldo Domingos, PhD

FLORIDA CHRISTIAN UNIVERSITY

Este livro representa uma ampla investigação científica, como resultado dos estudos do pós-doutorado desenvolvidos na *Florida Christian University*, em Orlando, na Flórida.

Fundada em 1985, a *Florida Christian University* é uma instituição de alcance global de ensino superior para estudantes que procuram integrar seus estudos profissionais com a fundamentação e a ética cristãs. O objetivo dessa instituição é oferecer alta qualidade nos programas de ensino superior para promover o conhecimento acadêmico e contribuir no desenvolvimento profissional e pessoal de cada estudante.

A *Florida Christian University* tem sido reconhecida com a certificação ouro (a mais alta possível), pela *Florida Council of Private Colleges* e pelo *Council of Private Colleges of America*, agências que representam faculdades, universidades e seus respectivos membros, perante o governo e a agência educacional norte-americana.

A presente obra representa o esforço e a dedicação do pesquisador Reinaldo Domingos, que embasou seu trabalho em práticas vivenciais, o que possibilitou a criação de um novo modelo mental do empreendedor baseado na **Metodologia DSOP**. Esse modelo embasa o conteúdo do livro *Empreender Vitorioso com Sonhos e Lucro em Primeiro Lugar*, tendo o prof. Dr. Benedito Cabral de Medeiros Filho, PhD, como mentor.

Reinaldo Domingos cursou e foi aprovado conforme os requisitos do programa *Pos-Doctoral in Philosophy in Business Administration* da *Florida Christian University* e deseja, com esta obra, socializar seu aprendizado e suas conquistas.

A *Florida Christian University* espera, com mais essa iniciativa, oferecer às famílias, aos estudantes, aos profissionais, aos gestores e aos técnicos uma ferramenta que contribua para a educação continuada. Com base nesses conhecimentos, agregados às suas práticas, se intenciona contribuir com a especialização, atualização e aperfeiçoamento nesse campo.

Prof. Bruno Portigliatti, J.D

Presidente e Chanceler da Florida Christian University

SOBRE O AUTOR

Reinaldo Domingos é PhD pela Florida Christian University com teses sobre Educação Financeira e Educação Empreendedora embasadas na **Metodologia DSOP**. Educador e terapeuta financeiro, é autor com mais de 5 milhões de livros vendidos sobre o tema Educação Financeira, que contemplam o long-seller *Terapia Financeira* e os livros *Por que enfrentamos crises e não estamos preparados?*; *Nome sujo pode ser a solução - quem não tem dívida, que atire a primeira pedra*; *Empreender Vitorioso com Sonhos e Lucro em Primeiro Lugar*; *Mesada não é só Dinheiro*; *Livre-se das Dívidas*; *Eu Mereço ter Dinheiro*; *Papo Empreendedor*; *Sabedoria Financeira*; *Ter Dinheiro Não tem Segredo*; *Coleção Dinheiro Sem Segredo* (12 volumes); *ABCD da Educação Financeira*. Publicou as Apostilas *Educação Financeira para Jovens Aprendizes*; *Curso DSOP de Educação Financeira* e *Educação Financeira para Empreendedores*; e o *Apontamento de Despesas*; *Apontamento de Despesas do Empreendedor*; e *Apontamento Financeiro*. Nos segmentos infantil e infantojuvenil, escreveu as obras da Coleção Turma do Nico: *O mistério da Praça Diamante*; *O enigma da Ladeira Prateada*; *O segredo da Vila Esmeralda*; *A charada da Escola Rubi*; *O sumiço na Biblioteca Safira*; *O Colecionador de Sonhos*; *A Semente dos Sonhos*; *A Menina do Rio* e *Diário dos Sonhos*. Publicou, também, uma coleção (4 volumes) com os personagens da Turma da Mônica: *Como cães e gatos*; e *Visita à Fazendinha*; e da Turma da Mônica Jovem: *O Sumiço do Cebola*; e *Sem Sonhos*. Em parceria com "Dentro da História", publicou *Uma aventura espacial*. É autor, ainda, das séries *O Menino do Dinheiro* (6 volumes) e *O Menino e o Dinheiro* (3 volumes); *O Menino do Dinheiro em Cordel* (PNLD 2018) e, no segmento internacional, publicou as obras *School Camp*; *The Garden*;

Journal of Dreams e as séries *Money Boy; The Boy and the Money* e *Explorer*. É autor de 2 Coleções Didáticas de Educação Financeira (15 volumes do aluno e 15 volumes do professor cada).

É também autor da *Coleção dos Sonhos para Educação Financeira com Neurociência*, que contempla quatro livros para o Ensino Infantil; seis livros para o Ensino Fundamental 1 (para o primeiro ano há uma versão para a criança alfabetizada e outra para a criança que está em fase de alfabetização); e quatro livros para o Ensino Fundamental 2, além de um livro do professor para cada ano. Essas coleções são acompanhadas por um kit para a Família (Caderno da Família e Risque e Rabisque da Família). E coautor de Juventude Plural - Projeto de Vida, obra de volume único, voltada para estudantes do Ensino Médio (PNLD 2021). É idealizador do Projeto *Meu Primeiro Livro pela Abefin*, no qual organizou os livros *Independência Financeira ao Alcance das Mãos* (2018) e *Trabalhadores Não Precisam ser Pobres* (2019).

Em 2008, criou o primeiro programa de Educação Financeira para empresas, o primeiro curso de Formação de Educadores Financeiros e idealizou a primeira Coleção Didática de Educação Financeira para o Ensino Básico do país, já adotada por diversas escolas privadas e públicas. Em 2009, criou o primeiro curso de pós-graduação em Educação Financeira - **Metodologia DSOP**. Em 2012, criou o primeiro programa de Educação Financeira para jovens aprendizes e, em 2013, ampliou para educação de jovens e adultos (EJA). Em 2014, criou o primeiro curso de Educação Financeira para empreendedores. No mesmo ano, iniciou o curso de pós-graduação EAD em Educação Financeira - **Metodologia DSOP**. Em 2016, criou mais 3 especialidades de pós-graduação (Neurociência para Docentes, Terapia Financeira e Empreender com Lucro em 1º Lugar), além de idealizar o programa CLIL, que tem como objetivo conceder o protagonismo tanto à aquisição do idioma quanto à conscientização financeira vivencial dos alunos. Em 2017, iniciou a formação de Terapeutas Financeiros e idealizou a primeira turma *stricto sensu* do Mestrado em Educação Financeira. Em 2018, iniciou a formação de Empreendedores Educacionais, além da primeira turma de Doutorado em Educação Financeira. Em 2019, criou e lançou a primeira Franquia de Profissionais da Educação Financeira, por meio de Plataforma Digital.

Bacharel em Ciências Contábeis, pós-graduado em Análise de Sistemas, mestre (com a tese sobre o livro *Mesada não é só Dinheiro*), doutor (com a tese sobre a *Coleção dos Sonhos*) em Ciência de Administração e Negócios e pós-doutorado (com a tese sobre o livro *Empreender Vitorioso com Sonhos e Lucro em Primeiro Lugar*), Reinaldo fundou a Confirp Consultoria Contábil e foi governador do Rotary International Distrito 4610, na gestão 2009-2010.

Atualmente é presidente do Grupo DSOP. É idealizador, fundador e presidente da Abefin - Associação Brasileira de Educadores Financeiros. Idealizou, também, o primeiro curso de pós-graduação em Educação Financeira (presencial e on-line) no Brasil e o primeiro programa de mestrado e doutorado em Educação Financeira no Mundo. Reinaldo é mentor da Metodologia DSOP, que embasa todos os programas de Educação Financeira. Em seu canal no Youtube, Dinheiro à Vista, e em seu podcast no Spotify, REALIZANDO SONHOS, fala, semanalmente, sobre Educação Financeira.